刑事一体化视野中的
犯罪记录封存制度研究

XINGSHI YITIHUA SHIYE ZHONGDE
FANZUI JILU FENGCUN ZHIDU YANJIU

● 曾新华 著

中国检察出版社

图书在版编目（CIP）数据

刑事一体化视野中的犯罪记录封存制度研究 / 曾新华著. —北京：中国检察出版社，2019.11

ISBN 978-7-5102-2366-2

Ⅰ. ①刑⋯ Ⅱ. ①曾⋯ Ⅲ. ①刑法—司法制度—研究—中国 Ⅳ. ①D924.04

中国版本图书馆 CIP 数据核字（2019）第 279482 号

刑事一体化视野中的犯罪记录封存制度研究

曾新华 著

出版发行：	中国检察出版社
社　　址：	北京市石景山区香山南路 109 号（100144）
网　　址：	中国检察出版社（www.zgjccbs.com）
编辑电话：	（010）86423706
发行电话：	（010）86423726　86423727　86423728
	（010）86423730　68650016
经　　销：	新华书店
印　　刷：	北京玺诚印务有限公司
开　　本：	710mm×960mm　16 开
印　　张：	12.75
字　　数：	157 千字
版　　次：	2019 年 11 月第一版　2019 年 11 月第一次印刷
书　　号：	ISBN 978-7-5102-2366-2
定　　价：	45.00 元

检察版图书，版权所有，侵权必究
如遇图书印装质量问题本社负责调换

目 录

引 论 ·· 1

第一章 犯罪记录封存之概念辨析 ·· 5
第一节 前科与犯罪记录 ··· 6
一、前科概述 ·· 6
二、犯罪记录概述 ·· 20
第二节 前科消灭与犯罪记录封存 ································· 27
一、前科消灭概述 ·· 27
二、犯罪记录封存与前科消灭之关系 ···························· 31

第二章 犯罪记录封存之制度根据 ·· 35
第一节 理论基础 ·· 35
一、哲学基础 ·· 35
二、法理基础 ·· 41

三、刑事法基础……………………………………………………45
　第二节　现实根据………………………………………………………50
　　一、法定的前科歧视……………………………………………………51
　　二、非法定的前科歧视…………………………………………………76

第三章　犯罪记录封存之制度完善………………………………78
　第一节　未成年人犯罪记录封存制度之确立理由……………………78
　　一、未成年人案件特殊性的要求………………………………………78
　　二、衔接相关法律制度的需要…………………………………………81
　　三、"顶层设计"与"基层探索"的经验总结…………………………82
　　四、联合国少年司法准则的最低限度标准……………………………91
　第二节　犯罪记录封存制度的适用对象………………………………93
　　一、适用对象的理解……………………………………………………93
　　二、适用对象的反思与扩大……………………………………………98
　第三节　犯罪记录封存制度的适用程序………………………………101
　　一、适用主体……………………………………………………………101
　　二、适用程序……………………………………………………………103
　第四节　犯罪记录封存制度的法律效力………………………………104
　　一、法教义学方法论的导入……………………………………………105
　　二、"司法机关为办案需要"的法教义学分析…………………………112
　　三、"有关单位根据国家规定"的法教义学分析………………………120
　　四、犯罪记录封存与无犯罪记录证明…………………………………125
　　五、犯罪记录封存制度与其他规范性文件……………………………128

第四章 犯罪记录封存之配套制度 ················ 130
  第一节 未成年人帮教矫治制度 ················ 130
  第二节 未成年人全面调查制度 ················ 133
    一、关于全面调查的主体 ················ 134
    二、关于全面调查报告的法律性质 ················ 139

余 论 ················ 144

参考文献 ················ 146

附 录 ················ 171

引 论

诚如意大利法学家贝卡利亚所言:"对人类心灵发生较大影响的,不是刑罚的强烈性,而是刑罚的延续性。因为最容易和最持久地触动我们感觉的,与其说是一种强烈而暂时的运动,不如说是一些细小而反复的印象。"[①] 这番话语道出了有犯罪记录者因犯过罪而陷入长久痛苦的心声。因此,如何消除犯罪记录对罪犯的不利影响,使其顺利回归社会是当今各国刑事法治的重点研究课题。

近些年来,在贯彻宽严相济刑事政策、深化司法体制和工作机制改革以及落实违法犯罪的未成年人"教育、感化、挽救"方针和"教育为主、惩罚为辅"原则的背景下,我国的前科消灭率先在未成年人犯罪上"破冰"。2011年2月25日,第十一届全国人大常委会第十九次会议通过了《中华人民共和国刑法修正案(八)》(以下简称《刑法修正案(八)》)。该修正案对未成年人犯罪与刑罚进行了重大的改革:首先,增加规定了不满18周岁的人犯罪被判处有期徒刑以上刑罚,在刑罚执行完毕或者赦免以后重新犯罪的,不构成累

---

① [意]贝卡利亚:《论犯罪与刑罚》,黄风译,中国法制出版社2005年版,第58页。

犯（《刑法修正案（八）》第 6 条，《刑法》第 65 条第 1 款）①；其次，增加规定了不满 18 周岁的人犯罪被判处 5 年有期徒刑以下刑罚，在入伍、就业的时候，免除向有关机关报告曾经受过刑事处罚的义务（《刑法修正案（八）》第 19 条，《刑法》第 100 条第 2 款）②。这些规定在原刑法规定的基础上锦上添花，进一步体现我国刑法对未成年人犯罪强调教育、感化、挽救的精神，初步构筑了未成年人前科消灭制度。2012 年 3 月 14 日，第十一届全国人大第五次会议通过了全国人民代表大会《关于修改〈中华人民共和国刑事诉讼法〉的决定》。根据该决定，2012 年《刑事诉讼法》第 275 条规定："犯罪的时候不满十八周岁，被判处五年有期徒刑以下刑罚的，应当对相关犯罪记录予以封存。犯罪记录被封存的，不得向任何单位和个人提供，但司法机关为办案需要或者有关单位根据国家规定进行查询的除外。依法进行查询的单位，应当对被封存的犯罪记录的情况予以保密。"这就是"未成年人犯罪记录封存制度"。2018 年修订《刑事诉讼法》时对该条未作任何修改。

对于《刑事诉讼法》确立的未成年人犯罪记录封存制度，各界给予了充分的肯定和高度的评价，对于未成年犯的复学、升学、就业进而保证其顺利回归社会均具有重要的现实意义。2013 年至 2015 年期间，全国检察机关进行犯罪记录封存 12 万余人。③ 但是，也被批评有"未能尽兴"之感，"步子应更大一些"。如有论者认为，"'未成年人前科封存制度'并不等同于'前科消灭

---

① 《刑法》第 65 条规定："被判处有期徒刑以上刑罚的犯罪分子，刑罚执行完毕或者赦免以后，在五年以内再犯应当判处有期徒刑以上刑罚之罪的，是累犯，应当从重处罚，但是过失犯罪和不满十八周岁的人犯罪的除外。前款规定的期限，对于被假释的犯罪分子，从假释期满之日起计算。"

② 《刑法》第 100 条规定："依法受过刑事处罚的人，在入伍、就业的时候，应当如实向有关单位报告自己曾受过刑事处罚，不得隐瞒。犯罪的时候不满十八周岁被判处五年有期徒刑以下刑罚的人，免除前款规定的报告义务。"

③ 参见戴佳：《少捕慎诉少监禁 教育感化挽救失足青少年》，载《检察日报》2016 年 5 月 28 日第 1 版。

制度',不仅与国际公约的规定存在相当大的差距,而且与我国现行的有关未成年人犯罪司法中的一些规定及司法实践中的一些改革成果也有一定距离"①。这一观点具有一定的代表性。这涉及"犯罪记录"与"前科""犯罪记录封存"与"前科消灭"两对基本概念的关系问题。除此之外,本应对犯罪记录封存制度进行"顶层设计"的《刑事诉讼法》规定过于原则、可操作性不足,仍在"摸着石头过河"。这都将影响该制度的良性运作和实施效果,甚至可能使其沦为制度上的"花瓶"和实践中的"鸡肋"。②从近些年该制度的实施情况来看,效果确实仍有待改进。③

犯罪记录封存制度虽然规定在《刑事诉讼法》中,但是其与刑法中的犯罪记录、前科报告、前科消灭、累犯、毒品再犯等制度关系密切。故本书将采用刑事一体化的研究视角对这一问题进行研究。刑事一体化的概念首先由储槐植先生提出。"刑事一体化的基本点是,刑法和刑法运行处于内外协调状态才能实现最佳社会效益。实现刑法最佳效益是刑事一体化的目的,刑事一体化的内涵是刑法和刑法运行内外协调,即刑法内部结构合理(横向协调)与刑法运行前后制约(纵向协调)。"④换言之,刑事一体化是指刑法立法与刑法实践的一体化。后来储教授对刑事一体化的概念进行了一定程度的修正和拓展:"刑事一体化思想有两层意思,作为观念的刑事一体化和作为方法的刑事一体化。刑事一体化作为观念,旨在论述建造一种结构合理和机制顺畅(即刑法和刑法运作内外协调)的实践刑法形态……刑事一体化作为刑法

---

① 汪建成:《论未成年人犯罪诉讼程序的建立和完善》,载《法学家》2012年第1期。
② 参见曾新华:《论未成年人轻罪犯罪记录封存制度——我国新〈刑事诉讼法〉第275条之理解与适用》,载《法学杂志》2012年第6期。
③ 参见宋英辉、杨雯清:《我国未成年人犯罪记录封存制度研究》,载《国家检察官学院学报》2019年第4期。
④ 储槐植:《建立刑事一体化思想》,载《中外法学》1989年第1期。

学研究方法，重在'化'字，即深度融合。刑法在关系中存在和变化，刑法学当然也在关系中发展……此处的'关系'首先指内外关系。内部关系主要指罪刑关系，以及刑法与刑事诉讼的关系……刑法自身作为方法的一体化至少应当与有关刑事学科（诸如犯罪学、刑事诉讼法学、监狱学、刑罚执行法学、刑事政策学等）知识相结合，疏通学科隔阂，关注边缘（非典型）现象，推动刑法学向纵深开拓。"[1] 简言之，刑事一体化旨在"融通学科联系（或曰淡化学科界限），解决现实问题"[2]。本书主要从《刑事诉讼法》与《刑法》一体化的角度分析和研究犯罪记录封存制度，以期对改革与完善该制度有所裨益。

---

[1] 储槐植：《再说刑事一体化》，载《法学》2004年第3期。
[2] 储槐植、闫雨：《刑事一体化践行》，载《中国法学》2013年第2期。

第一章

犯罪记录封存之概念辨析

哲学家罗素和弗雷格创立的摹状词理论认为,名称不仅与其指称事物之间具有内在的必然联系,而且也有自己的含义;一个名称是否揭示了所指的内涵是名字能否指称一个事物的充分必要条件。[1] 因此,概念名称并不是简单的可有可无的形式问题。犯罪记录封存制度是2012年《刑事诉讼法》所确立的新诉讼制度。研究探讨该制度,首先必须厘清其与理论界常用的"前科消灭"、司法实务部门常用的"犯罪记录消灭"等概念之间的关系。

笔者将论证,犯罪记录封存是前科消灭的程序保障,是前科消灭的程序之维;犯罪记录封存与前科消灭的关系如同实体公正与程序公正关系一样,是硬币的两面,缺一不可;前科消灭制度"消灭"的是犯罪记录的刑事法律评价和非刑事法律评价,而犯罪记录封存制度是为了保障前科消灭制度的实现,"封存"的是犯罪记录的非法律评价;"犯罪记录消灭""前科封存"等名称都不太准确。

---

[1] 参见[美]A.P.马蒂尼奇编:《语言哲学》,牟博、杨音莱、韩林合等译,商务印书馆1998年版,第375~413页。

第一节 前科与犯罪记录

一、前科概述

(一)前科的概念

对于什么是"前科",不论是在国外还是国内,都存在一定争议。我国刑事立法中尚无明确规定。1964年6月2日最高人民法院《关于前科问题的批复》中称:"我国现行法律对前科问题没有规定,刑法草案也无前科的条文,因此,无须考虑应受何种刑罚才确定有前科的问题。"2017年最高人民法院《关于常见犯罪的量刑指导意见》(以下简称《量刑指导意见》)中作为常见量刑的情节之一提到这一概念,紧跟在"累犯"之后。《量刑指导意见》常见量刑情节的适用部分规定:"对于有前科的,综合考虑前科的性质、时间间隔长短、次数、处罚轻重等情况,可以增加基准刑的10%以下。前科犯罪为过失犯罪和未成年人犯罪的除外。"

目前,我国关于"前科"一词,主要在两种意义上使用:一是广义即一般意义上的前科,即指以前的不良记录,既可以是违纪记录,也可以是违法记录,更可以是犯罪记录。如有的词典中解释"前科指某人(罪犯)以前有过劣迹或留过案底"[1]。二是狭义即刑法意义上的前科。如"曾被判处有期徒刑刑罚并已执行完毕的人又犯新罪,其前罪的处刑事实叫作前科"[2]。由于广义上的前科并不完全是法律意义上的概念,故其不是本书所研究的对象。本书只研究刑法意义上的前科概念。关于刑法意义上的前科,纵观国内外学术界和相关立法,大致可划分为以下两大类学说:

---

[1] 陈级、聂鸿音主编:《当代汉语词典》(第1版),北京师范大学出版社1993年版,第840页。
[2] 《现代汉语词典》(第七版),商务印书馆2016年版,第1041页。

1. 法律事实说

该学说认为，前科是指曾经被法院宣告犯有罪行或判定有罪的法律事实。以是否科刑为构成要件，该学说又可以细分为"定罪并科刑说"和"定罪或科刑说"。

（1）定罪并科刑说。该学说认为，构成前科必须同时具备定罪和科刑两个因素。同时，该学说根据所科之刑是指刑罚还是刑事处罚，是指有期徒刑以上刑罚还是包括所有的刑罚处罚，是必须以刑罚的执行完毕为前提还是以受刑之宣告即可，又可细分为以下几种观点：第一，前科是因犯罪而受到刑罚处罚并足以构成累犯的事实；① 第二，前科是指曾因犯罪被判处有期徒刑以上刑罚且已执行完毕的事实；第三，因犯罪经裁判确定而受刑之宣告为前科；② 第四，曾被法院判处有期徒刑以上刑罚且已执行完毕的人又犯新罪，其前罪的处刑且已执行的事实，称为前科。③ 苏联曾采用该种学说。如苏联著名学者贝斯特洛娃指出："前科就是官方对某人构成的犯罪事实和对其罪行适用刑罚的确认。"④

（2）定罪或科刑说。该学说认为，只要行为人受有罪宣告或被判决有罪，不管是否被科刑、所科之刑是否执行等均不影响前科的成立。比如，有论者认为前科就是犯罪人以前具有犯罪行为的记录。⑤ 有学者认为，前科是指被告人曾经犯有罪行或被判处刑罚的事实，即定罪记录（conviction record）。⑥ 有学者认为，凡有下列情形之一的，应被认为有前科：被宣告有罪但免了刑罚

---

① 参见喻伟主编：《刑法学专题研究》，武汉大学出版社1992年版，第367页。
② 参见曾庆敏主编：《刑事法学词典》，上海辞书出版社1992年版，第647页。
③ 参见《法学词典》，上海辞书出版社1980年版，第545页。
④ ［苏联］贝斯特洛娃：《苏维埃刑法总论》，中央人民政府法制委员会1954年版，第249页。
⑤ 参见李伟民主编：《法学辞源（4）》，黑龙江人民出版社2002年版，第2522页。
⑥ 参见房清侠：《前科消灭制度研究》，载《法学研究》2001年第4期。

处罚的，被判处缓刑的，被判处各种主刑或附加刑的。①有学者认为，受有罪宣告即可构成前科事实。②还有学者认为，"前科是指曾经被宣告犯有罪行或者被判处刑罚的事实。被宣告犯有罪行可以是人民法院进行的，也可以是人民检察院进行的。至于被宣告犯有何种罪行或者被判处何种刑罚以及刑罚是否执行，均不影响前科的成立"③；所谓前科"是指行为人曾经因其行为构成犯罪而被司法机关加以处理的事实"④。

在国外，采取定罪或科刑说这种模式的有美国、英国、加拿大、日本、法国、德国等国家。⑤如美国量刑委员会制定的《美国量刑指南》第四章 A 部分第 1 节第 2 条（a）项明确指出，"前科"一词是指不是现行犯罪组成部分的行为被认定有罪而作出的先前判决，无论是自动认罪、审判定罪，或者是不愿辩护但不承认有罪的抗辩表示。根据《美国量刑指南》第四章 A 部分第 1 节第 1 条的规定，只要该定罪所产生的判决是可以计算的，则这种定罪可以视作前科。可见，根据《美国量刑指南》的规定，只要行为人被判定有罪，而不论其是否科刑，或所科之刑是否执行，均不影响前科的成立（有时要符合其他条件，如该定罪所产生的判决是可以计算的）。

2. 法律地位说

该学说认为，前科是指法院因行为人实施犯罪而对其判处刑罚且刑罚已经执行完毕或者被赦免后，在一定期间内的一种法律地位。它包含以下要素："（1）行为人曾经犯罪。不是犯罪而是普通违法行为或者违纪行为的，不会出现具有'前科'的评价。（2）行为人曾因该项犯罪而被判处实刑。被判

---

① 参见马克昌等主编：《刑法学全书》，上海科学技术文献出版社1993年版，第684页。
② 参见杨春洗主编：《刑事法学大辞书》，南京大学出版社1990年版，第375页。
③ 马克昌：《刑罚通论》，武汉大学出版社1999年版，第709页。
④ 林维：《论刑事政策的法律化（上）》，载《法学评论》2005年第5期。
⑤ 参见付强：《前科消灭的概念研析》，载《当代法学》2011年第2期。

处缓刑等非实刑的或者因犯罪情节轻微而被免予刑事处罚的,不会出现具有'前科'的评价。(3)行为人被判处的刑罚已经实际执行完毕或者被赦免。(4)行为人的此种法律地位可能导致法定的诸多不利影响。(5)此种法律地位通常情况下只限于一定期间,并不是永久存在的。"①

该学说还认为,从刑事法律上讲,前科是法律、法规对前罪刑罚效果的规范性评价,而这属于前罪刑罚的后遗性效果之一,属于对刑罚改造后果的观察与评价制度。这主要是因为:(1)刑事责任在刑罚执行完毕之后已经不再存在,前科的存续期间只是对于犯罪人适用刑罚的实际效果或者改造效果的观察期间。正如美国刑事立法和刑法理论指出:"有以往犯罪行为记录的被告人与初犯相比应受到更大的谴责,因此应处以更重的刑罚。对犯罪行为的普遍威慑意义表明,应该向社会明确宣布:重复犯罪行为伴随其每次重复而必须加重刑罚量。为了避免公共社会遭受特定被告人进一步犯罪行为的危害,对累犯和将来犯罪行为的可能性必须给予考虑。重复犯罪行为是检验对罪犯改造是否成功的一个极为重要的标志。"② 前科的法律价值在于为了保护社会公共利益,在前科的存续期间内,观察犯罪人适用刑罚的效果。(2)刑法典上对于所有犯罪的法定刑设置,在刑罚的量上是国家立法机关根据司法统计、经验积累等综合手段而事先预测并加以规定的一个大致幅度。对于具体犯罪所实际评定并决定交付执行的刑罚,也只是基于案件事实等因素而加以评估确定的,并不一定能够完全对具体的犯罪人起到改造和预防再犯的实际效能,带有较多的预测因素,司法机关并不能肯定这一刑罚必然能够改造犯罪人和实现特殊预防。因此,通过前科的设置来对犯罪人的改造效果进行规范性评价。(3)围绕前科事实所设置的所有对于犯罪人的资格剥夺与权利限制,以

---

① 于志刚:《"犯罪记录"和"前科"混淆性认识的批判性思考》,载《法学研究》2010年第3期。
② [美]美国量刑委员会:《美国量刑指南》,王世洲等译,北京大学出版社1995年版,第332页。

及对后罪定罪量刑的可能性负面效应等刑事立法上的规则，完全是因为刑罚效果尚未最终确定而建立的一整套评估体系，属于对刑罚改造后果的观察与评价制度。①

在国外，俄罗斯采用该学说。俄罗斯刑法理论认为，前科就是因一个人实施犯罪而被处以某种刑罚对他所造成的并对他发生一定不利法律后果的法律地位。②前科的存在期间包括刑事判决生效到刑罚执行这个期间、服刑期、刑满到前科消灭或被法院撤销之时这个时期。③《俄罗斯联邦刑法典》第86条第1款规定："因实施犯罪而被判刑的人，自法院的有罪判决生效之日起至前科消灭或撤销时止，被认为有前科。"俄罗斯联邦总检察院将该条释义为"前科是由于法院因犯罪人实施犯罪而对他判处法律规定的刑罚而造成的该人的法律地位"。④

笔者同意第二种学说，即"法律地位说"，前科是指被法院判决有罪，在或者判处刑罚且刑罚已经执行完毕，或者免予刑事处罚或者被判处缓刑期满之后一定期间内的一种法律地位。

首先，前科是一种法律地位。在前科概念的界定上，上述两种学说的重大分歧，关键在于界定"前科"概念时是否应当与"前科消灭"概念相联系。"法律事实说"将前科与前科消灭相分离，认为前科消灭并不是消灭前科本身，而是消灭前科的后遗效应；"法律地位说"则认为前科消灭就是消灭前科

---

① 参见于志刚：《"犯罪记录"和"前科"混淆性认识的批判性思考》，载《法学研究》2010年第3期。
② 参见［俄］别利亚耶夫、科瓦廖夫：《苏维埃刑法总论》，马改秀译，群众出版社1987年版，第391页。
③ 转引自党日红：《前科制度研究》，载《河北法学》2006年第3期。
④ ［俄］俄罗斯联邦总检察院：《俄罗斯联邦刑法典释义》（上册），黄道秀译，中国政法大学出版社1998年版，第219页。

本身，所以前科不是法律事实，因为前科这一事实本身无法消灭。笔者认为，前科消灭制度作为一项刑事法律制度，就是"消灭前科"。而只有法律地位，才可能"消灭"或者"恢复"等。

其次，只要被法院判决有罪，前科的法律地位就已形成，而不需要以判处刑罚为构成要件。第一，从语义上分析，"前科"是一个名词，由状词"前"与动词"科"两部分组成。"前"一般来说是指"以前""从前"或者"曾经"的意思。根据《现代汉语词典》的解释，"科"作动词解时应指"判定"的意思。① 既然是"判定"，那么既可以理解为"判定刑罚"，当然也可以理解为"判定有罪"。也就是说，"前科"概念从语词的字面含义上来分析，既可以理解为"以前或曾经被判处过刑罚"，也可以理解为"以前或曾经被判定过有罪"。但很显然，后者更具有包容性和涵括性。第二，从规范上分析，前科也不必然是以受到刑事处罚为前提。前科作为一法律评价，当然需要从法律规范上寻找依据。但是，有学者根据我国的《公务员法》《法官法》《检察官法》《人民警察法》《律师法》《教师法》《拍卖法》《公证法》等法律都有"受过刑事处罚"的规定，就认为，前科必须是"行为人曾因该项犯罪而被判处实刑。被判处缓刑等非实刑的或者因犯罪情节轻微而被免予刑事处罚的，不会出现具有'前科'的评价"②。笔者认为，不可否认，我国目前绝大多数法律在限定或者禁止前科者的从业资格上都规定了"受过刑事处罚"。但是，也有很多例外。

如2017年《会计法》第40条规定："因有提供虚假财务会计报告，做假账，隐匿或者故意销毁会计凭证、会计账簿、财务会计报告，贪污，挪用公

---

① 《现代汉语词典》(第七版)，商务印书馆2016年版，第735页。
② 何承斌：《确立"前科消灭制度"之研究》，载《首都师范大学学报》2004年第6期。

款，职务侵占等与会计职务有关的违法行为被依法追究刑事责任的人员，不得再从事会计工作。"可见，只要有上述与会计职务有关的违法行为被追究刑事责任，就不得再从事会计工作，而不管其是否被判处刑罚。再如，2017年中国证券监督管理委员会《证券交易所管理办法》第34条规定："有下列情形之一的，不得招聘为证券交易所从业人员，不得担任证券交易所理事、监事、高级管理人员：（一）犯有贪污、贿赂、侵占财产、挪用财产罪或者破坏社会经济秩序罪，或者因犯罪被剥夺政治权利……"因此，只要被判决犯有贪污、贿赂、侵占财产、挪用财产罪或者破坏社会经济秩序罪，就不得招聘为证券交易所从业人员，也不得担任证券交易所高级管理人员。还有2016年国务院《娱乐场所管理条例》第5条："有下列情形之一的人员，不得开办娱乐场所或者在娱乐场所内从业：（一）曾犯有组织、强迫、引诱、容留、介绍卖淫罪，制作、贩卖、传播淫秽物品罪，走私、贩卖、运输、制造毒品罪，强奸罪，强制猥亵、侮辱妇女罪，赌博罪，洗钱罪，组织、领导、参加黑社会性质组织罪的；（二）因犯罪曾被剥夺政治权利的……"可见，犯有前述犯罪或者因犯罪被剥夺政治权利的，均不得开办娱乐场所或者在娱乐场所内从业。综上，无论是从语义上还是从法规范上都得不出前科只指"受过刑事处罚"的结论。

（二）前科的内容

前科的内容是指对前罪或者犯罪记录的法律评价。大致可以分为两大类：一是刑事法律评价；二是非刑事法律评价。

1. 刑事法律评价

首先，前罪的刑事法律评价主要体现在量刑上。①

---

① 参见覃剑峰：《论前科的量刑效应》，载《人民法院报》2010年4月21日第6版。

第一，累犯制度。我国的累犯制度包括一般累犯和特殊累犯两类。我国《刑法》第65条规定："被判处有期徒刑以上刑罚的犯罪分子，刑罚执行完毕或者赦免以后，在五年以内再犯应当判处有期徒刑以上刑罚之罪的，是累犯，应当从重处罚，但是过失犯罪和不满18周岁的人犯罪的除外。"该条规定在刑法理论上一般称为"一般累犯"制度。据此，一般累犯的构成必须具备两个条件：（1）前罪和后罪都必须是判处有期徒刑以上刑罚的犯罪；（2）犯后罪的时间是在前罪执行完毕或者刑罚赦免以后5年以内。但是过失犯罪和不满18周岁的人犯罪的除外。由此可见，被判处有期徒刑以上刑罚的前科是行为人构成累犯并应从重处罚的一个前提条件。《刑法》第66条还规定了特别累犯制度，即"危害国家安全犯罪、恐怖活动犯罪、黑社会性质的组织犯罪的犯罪分子，在刑罚执行完毕或者赦免以后，在任何时候再犯上述任一类罪的，都以累犯论处"。据此，特殊累犯是曾因犯危害国家安全罪、恐怖活动犯罪、黑社会性质的组织犯罪被判处刑罚，在刑罚执行完毕或者赦免以后任何时候再犯危害国家安全罪的。一般累犯和特殊累犯，不仅是从重处罚的法定情节，还不得缓刑和假释。《刑法》第74条规定："对于累犯和犯罪集团的首要分子，不适用缓刑。"《刑法》第81条第2款规定："对累犯以及因故意杀人、强奸、抢劫、绑架、放火、爆炸、投放危险物质或者有组织的暴力性犯罪被判处十年以上有期徒刑、无期徒刑的犯罪分子，不得假释。"可见，累犯之有条件的从重处罚以及不得缓刑和假释，正是刑法有选择地对于前科后果加以体现所造成的。

第二，再犯制度。我国《刑法》第356条规定："因走私、贩卖、运输、制造、非法持有毒品罪被判过刑，又犯本节规定之罪的，从重处罚。"该款条文是关于毒品再犯的规定。根据该条规定，只要行为人曾经犯过走私毒品罪、贩卖毒品罪、运输毒品罪、制造毒品罪以及非法持有毒品罪，并被判处过刑罚，则不论其以后在什么时候再犯《刑法》分则第6章第7节规定的犯罪，均应从重处罚。

但是，对于其他的罪名，我国《刑法》并没有规定有犯罪前科的人再犯时予以从重处罚的情形。不过司法解释或者司法解释性文件规定了个别罪名再犯从重处罚制度。如根据2007年最高人民法院、最高人民检察院《关于办理侵犯知识产权刑事案件具体应用法律若干问题的解释（二）》第3条规定，"因侵犯知识产权被刑事处罚或者行政处罚后，再次侵犯知识产权构成犯罪的"一般不适用缓刑。① 如根据2012年最高人民法院、最高人民检察院《关于办理行贿刑事案件具体应用法律若干问题的解释》第10条，"因行贿受过行政处罚或者刑事处罚的"一般不适用缓刑和免予刑事处罚。② 再如对于《刑法》第132条规定的铁路运营安全事故罪、第134条规定的重大责任事故罪和强令违章冒险作业罪、第135条规定的重大劳动安全事故罪、第135条之一规定的大型群众性活动重大安全事故罪、第136条规定的危险物品肇事罪、第137条规定的工程重大安全事故罪、第138条规定的教育设施重大安全事故罪和第139条规定的消防责任事故罪，根据2015年最高人民法院、最高

---

① 2007年最高人民法院、最高人民检察院《关于办理侵犯知识产权刑事案件具体应用法律若干问题的解释（二）》第3条规定："侵犯知识产权犯罪，符合刑法规定的缓刑条件的，依法适用缓刑。有下列情形之一的，一般不适用缓刑：（一）因侵犯知识产权被刑事处罚或者行政处罚后，再次侵犯知识产权构成犯罪的；（二）不具有悔罪表现的；（三）拒不交出违法所得的；（四）其他不宜适用缓刑的情形。"

② 2012年最高人民法院、最高人民检察院《关于办理行贿刑事案件具体应用法律若干问题的解释》第10条规定："实施行贿犯罪，具有下列情形之一的，一般不适用缓刑和免予刑事处罚：（一）向三人以上行贿的；（二）因行贿受过行政处罚或者刑事处罚的；（三）为实施违法犯罪活动而行贿的；（四）造成严重危害后果的；（五）其他不适用缓刑和免予刑事处罚的情形。具有刑法第三百九十条第二款规定的情形的，不受前款规定的限制。"

人民检察院《关于办理危害生产安全刑事案件适用法律若干问题的解释》第12条,"一年内曾因危害生产安全违法犯罪活动受过行政处罚或者刑事处罚的"应当"从重处罚"。① 又如对于家庭暴力犯罪,根据2015年最高人民法院、最高人民检察院、公安部、司法部《关于依法办理家庭暴力犯罪案件的意见》第18条,"曾因实施家庭暴力受到刑事处罚、行政处罚"可以酌情从重处罚。② 又如根据2016年最高人民法院、最高人民检察院、公安部《关于办理电信网络诈骗等刑事案件适用法律若干问题的意见》,对于电信网络诈骗犯罪,"曾因电信网络诈骗犯罪受过刑事处罚或者二年内曾因电信网络诈骗受

---

① 2015年最高人民法院、最高人民检察院《关于办理危害生产安全刑事案件适用法律若干问题的解释》第12条规定:"实施刑法第一百三十二条、第一百三十四条至第一百三十九条之一规定的犯罪行为,具有下列情形之一的,从重处罚:(一)未依法取得安全许可证件或者安全许可证件过期、被暂扣、吊销、注销后从事生产经营活动的;(二)关闭、破坏必要的安全监控和报警设备的;(三)已经发现事故隐患,经有关部门或者个人提出后,仍不采取措施的;(四)一年内曾因危害生产安全违法犯罪活动受过行政处罚或者刑事处罚的;(五)采取弄虚作假、行贿等手段,故意逃避、阻挠负有安全监督管理职责的部门实施监督检查的;(六)安全事故发生后转移财产意图逃避承担责任的;(七)其他从重处罚的情形。实施前款第五项规定的行为,同时构成刑法第三百八十九条规定的犯罪的,依照数罪并罚的规定处罚。"

② 2015年最高人民法院、最高人民检察院、公安部、司法部《关于依法办理家庭暴力犯罪案件的意见》第18条第1款规定:"切实贯彻宽严相济刑事政策。对于实施家庭暴力构成犯罪的,应当根据罪刑法定、罪刑相适应原则,兼顾维护家庭稳定、尊重被害人意愿等因素综合考虑,宽严并用,区别对待。根据司法实践,对于实施家庭暴力手段残忍或者造成严重后果;出于恶意侵占财产等卑劣动机实施家庭暴力;因酗酒、吸毒、赌博等恶习而长期或者多次实施家庭暴力;曾因实施家庭暴力受到刑事处罚、行政处罚;或者具有其他恶劣情形的,可以酌情从重处罚。对于实施家庭暴力犯罪情节较轻,或者被告人真诚悔罪,获得被害人谅解,从轻处罚有利于被扶养人的,可以酌情从轻处罚;对于情节轻微不需要判处刑罚的,人民检察院可以不起诉,人民法院可以判处免予刑事处罚。"

过行政处罚的"应当"酌情从重处罚"。① 如对于高空抛物犯罪，根据2019年最高人民法院《关于依法妥善审理高空抛物、坠物案件的意见》第6条，"受过刑事处罚或者行政处罚后又实施的"应当从重处罚，一般不得适用缓刑。②

第三，前科还是某些犯罪法定刑升格的要件之一。如根据2014年最高人民法院、最高人民检察院、公安部《关于办理利用赌博机开设赌场案件适用法律若干问题的意见》，"因赌博、开设赌场犯罪被刑事处罚后，五年内再设置赌博机30台以上的"应当认定为刑法第303条第2款规定的"情节严重"。③

---

① 2016年最高人民法院、最高人民检察院、公安部《关于办理电信网络诈骗等刑事案件适用法律若干问题的意见》规定："实施电信网络诈骗犯罪，达到相应数额标准，具有下列情形之一的，酌情从重处罚：1. 造成被害人或其近亲属自杀、死亡或者精神失常等严重后果的；2. 冒充司法机关等国家机关工作人员实施诈骗的；3. 组织、指挥电信网络诈骗犯罪团伙的；4. 在境外实施电信网络诈骗的；5. 曾因电信网络诈骗犯罪受过刑事处罚或者二年内曾因电信网络诈骗受过行政处罚的；6. 诈骗残疾人、老年人、未成年人、在校学生、丧失劳动能力人的财物，或者诈骗重病患者及其亲属财物的；7. 诈骗救灾、抢险、防汛、优抚、扶贫、移民、救济、医疗等款物的；8. 以赈灾、募捐等社会公益、慈善名义实施诈骗的；9. 利用电话追呼系统等技术手段严重干扰公安机关等部门工作的；10. 利用'钓鱼网站'链接、'木马'程序链接、网络渗透等隐蔽技术手段实施诈骗的。"

② 2019年最高人民法院《关于依法妥善审理高空抛物、坠物案件的意见》第6条规定："依法从重惩治高空抛物犯罪。具有下列情形之一的，应当从重处罚，一般不得适用缓刑：（1）多次实施的；（2）经劝阻仍继续实施的；（3）受过刑事处罚或者行政处罚后又实施的；（4）在人员密集场所实施的；（5）其他情节严重的情形。"

③ 2014年最高人民法院、最高人民检察院、公安部《关于办理利用赌博机开设赌场案件适用法律若干问题的意见》第2条规定："设置赌博机组织赌博活动，具有下列情形之一的，应当按照刑法第三百零三条第二款规定的开设赌场罪定罪处罚：（一）设置赌博机10台以上的；（二）设置赌博机2台以上，容留未成年人赌博的；（三）在中小学校附近设置赌博机2台以上的；（四）违法所得累计达到5000元以上的；（五）赌资数额累计达到5万元以上的；（六）参赌人数累计达到20人以上的；（七）因设置赌博机被行政处罚后，两年内再设置赌博机5台以上的；（八）因赌博、开设赌场犯罪被刑事处罚后，五年内再设置赌博机5台以上的；（九）其他应当追究刑事责任的情形。设置赌博机组织赌博活动，具有下列情形之一的，应当认定为刑法第三百零三条第二款规定的'情节严重'：（一）数量或者数额达到第二条第一款第一项至第六项规定标准六倍以上的；（二）因设置赌博机被行政处罚后，两年内再设置赌博机30台以上的；（三）因赌博、开设赌场犯罪被刑事处罚后，五年内再设置赌博机30台以上的；（四）其他情节严重的情形。"

其次，前罪的刑事法律评价还体现在某些特定犯罪的定罪上。2013年4月4日起施行的最高人民法院、最高人民检察院《关于办理盗窃刑事案件适用法律若干问题的解释》第2条规定："盗窃公私财物，具有下列情形之一的，'数额较大'的标准可以按照前条规定标准的百分之五十确定：（一）曾因盗窃受过刑事处罚的……"2013年4月27日开始施行的最高人民法院、最高人民检察院《关于办理敲诈勒索刑事案件适用法律若干问题的解释》第2条规定："敲诈勒索公私财物，具有下列情形之一的，'数额较大'的标准可以按照本解释第一条规定标准的百分之五十确定：（一）曾因敲诈勒索受过刑事处罚的……"2013年11月18日开始施行的最高人民法院、最高人民检察院《关于办理抢夺刑事案件适用法律若干问题的解释》第2条规定："抢夺公私财物，具有下列情形之一的，'数额较大'的标准按照前条规定标准的百分之五十确定：（一）曾因抢劫、抢夺或者聚众哄抢受过刑事处罚的……"因此，从上述三个司法解释的规定可以看出，虽然行为人的盗窃、敲诈勒索、抢夺的数额未达到"数额较大"的标准，但是如果行为人在此之前曾经实施过性质相同或相似的盗窃、敲诈勒索、抢劫、抢夺或者聚众哄抢等行为而受过刑事处罚的，其盗窃、敲诈勒索、抢夺等原本不独立构成犯罪的行为，在结合该前科后共同构成盗窃罪、敲诈勒索罪和抢夺罪。

再如根据2002年最高人民法院、最高人民检察院、海关总署《关于办理走私刑事案件适用法律若干问题的意见》，"曾因同一种走私行为受过刑事处罚或者行政处罚的"可以认定为走私主观故意中的"明知"。又如根据2014年最高人民法院、最高人民检察院、公安部《关于办理利用赌博机开设赌场案件适用法律若干问题的意见》，"因赌博、开设赌场犯罪被刑事处罚后，五年内再设置赌博机5台以上的"应当按照刑法第303条第2款规定的开设赌场罪定罪处罚。又如《刑法》第229条规定的提供虚假证明文件罪，根据2017年最高人民法院、最高人民检察院《关于办理药品、医疗器械注册申请材料造假刑事案件适用法律若干问题的解释》第1条,"曾因在申请药品、医疗器械注册过程中提供虚假证明材料受过刑事处罚或者二年内受过行政处罚,又提供虚假证明材料的"应当认定为该罪刑法规定中的入罪条件之———"情节严重"。① 再如《刑法》第288条规定的扰乱无线电通讯管理秩序罪,根据2017年最高人民法院、最高人民检察院《关于办理扰乱无线电通讯管理秩序等刑事案件适用法律若干问题的解释》第2条,"曾因扰乱无线电通讯管理秩序受过刑事处罚,或者二年内曾因扰乱无线电通讯管理秩序受过行政处罚,又实施刑法第二百八十八条规定的行为的"应当认定为该罪的入罪条件之一"情节严重"。②

---

① 2017年最高人民法院、最高人民检察院《关于办理药品、医疗器械注册申请材料造假刑事案件适用法律若干问题的解释》第1条规定:"药物非临床研究机构、药物临床试验机构、合同研究组织的工作人员,故意提供虚假的药物非临床研究报告、药物临床试验报告及相关材料的,应当认定为刑法第二百二十九条规定的'故意提供虚假证明文件'。实施前款规定的行为,具有下列情形之一的,应当认定为刑法第二百二十九条规定的'情节严重',以提供虚假证明文件罪处五年以下有期徒刑或者拘役,并处罚金:(一)在药物非临床研究或者药物临床试验过程中故意使用虚假试验用药品的;(二)瞒报与药物临床试验用药品相关的严重不良事件的;(三)故意损毁原始药物非临床研究数据或者药物临床试验数据的;(四)编造受试动物信息、受试者信息、主要试验过程记录、研究数据、检测数据等药物非临床研究数据或者药物临床试验数据,影响药品安全性、有效性评价结果的;(五)曾因在申请药品、医疗器械注册过程中提供虚假证明材料受过刑事处罚或者二年内受过行政处罚,又提供虚假证明材料的;(六)其他情节严重的情形。"

② 2017年最高人民法院、最高人民检察院《关于办理扰乱无线电通讯管理秩序等刑事案件适用法律若干问题的解释》第2条规定:"违反国家规定,擅自设置、使用无线电台(站),或者擅自使用无线电频率,干扰无线电通讯秩序,具有下列情形之一的,应当认定为刑法第二百八十八条第一款规定的'情节严重':(一)影响航天器、航空器、铁路机车、船舶专用无线电导航、遇险救助和安全通信等涉及公共安全的无线电频率正常使用的;(二)自然灾害、事故灾难、公共卫生事件、社会安全事件等突发事件期间,在事件发生地使用'黑广播''伪基站'的;(三)举办国家或省级重大活动期间,在活动场所及周边使用'黑广播''伪基站'的;(四)同时使用三个以上'黑广播''伪基站'的;(五)'黑广播'的实测发射功率五百瓦以上,或者覆盖范围十公里以上的;(六)使用'伪基站'发送诈骗、赌博、招嫖、木马病毒、钓鱼网站链接等违法犯罪信息,数量在五千条以上,或者销毁发送数量等记录的;(七)雇佣、指使未成年人、残疾人等特定人员使用'伪基站'的;(八)违法所得三万元以上的;(九)曾因扰乱无线电通讯管理秩序受过刑事处罚,或者二年内曾因扰乱无线电通讯管理秩序受过行政处罚,又实施刑法第二百八十八条规定的行为的;(十)其他情节严重的情形。"

又如《刑法》第253条之一规定的侵犯公民个人信息罪，2017年最高人民法院、最高人民检察院《关于办理侵犯公民个人信息刑事案件适用法律若干问题的解释》第5条和第6条，"曾因侵犯公民个人信息受过刑事处罚或者二年内受过行政处罚，又非法获取、出售或者提供公民个人信息的"应当认定为该罪的入罪条件之一"情节严重"。①

2. 非刑事法律评价

前罪的法律评价除体现在刑事法律中外，更广泛地存在于现行民事、行政等非刑事法律、法规中。具体说来，主要表现在以下几个方面：第一，受过刑事处罚的，终身或者特定时期内剥夺其某些特定职业的从业资格。例如2019年《公务员法》第26条规定："下列人员不得录用为公务员：（一）曾因犯罪受过刑事处罚的……"第二，故意犯罪的，终身或者特定时期内剥夺其某些特定职业的从业资格。2017年《律师法》第7条规定："申请人有下列情形之一的，不予颁发律师执业证书……（二）受过刑事处罚的，但过失犯罪

---

① 2017年最高人民法院、最高人民检察院《关于办理侵犯公民个人信息刑事案件适用法律若干问题的解释》第5条第1款规定："非法获取、出售或者提供公民个人信息，具有下列情形之一的，应当认定为刑法第二百五十三条之一规定的'情节严重'：（一）出售或者提供行踪轨迹信息，被他人用于犯罪的；（二）知道或者应当知道他人利用公民个人信息实施犯罪，向其出售或者提供的；（三）非法获取、出售或者提供行踪轨迹信息、通信内容、征信信息、财产信息五十条以上的；（四）非法获取、出售或者提供住宿信息、通信记录、健康生理信息、交易信息等其他可能影响人身、财产安全的公民个人信息五百条以上的；（五）非法获取、出售或者提供第三项、第四项规定以外的公民个人信息五千条以上的；（六）数量未达到第三项至第五项规定标准，但是按相应比例合计达到有关数量标准的；（七）违法所得五千元以上的；（八）将在履行职责或者提供服务过程中获得的公民个人信息出售或者提供给他人，数量或者数额达到第三项至第七项规定标准一半以上的；（九）曾因侵犯公民个人信息受过刑事处罚或者二年内受过行政处罚，又非法获取、出售或者提供公民个人信息的；（十）其他情节严重的情形。"第6条第1款规定："为合法经营活动而非法购买、收受本解释第五条第一款第三项、第四项规定以外的公民个人信息，具有下列情形之一的，应当认定为刑法第二百五十三条之一规定的'情节严重'：（一）利用非法购买、收受的公民个人信息获利五万元以上的；（二）曾因侵犯公民个人信息受过刑事处罚或者二年内受过行政处罚，又非法购买、收受公民个人信息的；（三）其他情节严重的情形。"

的除外……"第三，特定犯罪的，终身或者特定时期内剥夺其某些特定职业的从业资格。如 2018 年《公司法》第 146 条规定："有下列情形之一的，不得担任公司的董事、监事、高级管理人员……（二）因贪污、贿赂、侵占财产、挪用财产或者破坏社会主义市场经济秩序，被判处刑罚，执行期满未逾五年，或者因犯罪被剥夺政治权利，执行期满未逾五年……"第四，特定刑罚的，终身或者特定时期内剥夺其某些特定职业的从业资格。如 2011 年《兵役法》第 3 条第 3 款规定："依照法律被剥夺政治权利的人，不得服兵役。"

综上，作为法律评价的前科制度的设计，凝结着立法者对有关行为人进行特殊预防和保护社会公共利益即一般预防的功利目的。同时，规范性评价也意味着对行为人回归社会的某种期待。规范性评价正是通过对行为人在一定期间内的评估与防范性措施的设置，用法律手段督促诱导其尽快地回归社会。因此，"作为规范性评价结论的前科，也是一种预备性的法律反击手段和对策性手段，只是备而不用而已：在民事、行政法律等方面，为了防止犯罪人借助某些资格或者权利实施更为严重的犯罪，因而暂时或者永久性地剥夺犯罪人的一部分再犯能力；在刑事立法方面，对于犯罪人基于已经执行的刑罚未能实现特殊预防而予以反击，不仅补足前罪刑罚在量上的不足，而且对于后罪实施一系列的惩罚性制裁，例如不得适用假释和缓刑等，以防止犯罪人再次适用刑罚的效果依然不佳"[①]。

二、犯罪记录概述

（一）犯罪记录的概念

"犯罪记录"由"犯罪"和"记录"两个词组组成。要界定"犯罪记

[①] 于志刚：《"犯罪记录"和"前科"混淆性认识的批判性思考》，载《法学研究》2010 年第 3 期。

录",必须先解释"记录"一词。"记录"在《现代汉语词典》中有四种含义：（1）（动词）把听到的话或发生的事写下来；（2）（名词）当场记录下来的材料；（3）（名词）做记录的人；（4）同"纪录"，即在一定时期、一定范围以内记载下来的最高成绩。①《辞海》中的"记录"与"记载"互为同义语。其注引有二：（1）东汉王充《论衡》："太史公记功，记录成则著效明验。"（2）北齐《颜氏家训》："汝曹生于戎马之间，视听之所不晓，故聊记录，以传示子孙。"②据此，"记录"一词大致可以解释为"对事件的发生进行客观记载的结果"。

何为"犯罪记录"（criminal record）？2012年最高人民法院、最高人民检察院、公安部、国家安全部、司法部《关于建立犯罪人员犯罪记录制度的意见》规定"犯罪记录是国家专门机关对犯罪人员情况的客观记载"。在当今世界各国，由于犯罪记录的重要价值和意义，其已成为其他信息监管（如金融记录监管、移民监管等）查询系统的基础内容以及国际刑事司法协助的核心内容。例如，在德国，犯罪记录几乎包括有关行为人的犯罪情况的所有资料：行为人被科处刑罚、命令保安处分、科处刑罚保留的警告；或者依据少年法院法确定罪责但缓科少年刑罚的所有刑事判决，以及刑罚或者处分的执行被缓刑、命令缓刑帮助和在吊销驾驶执照情况下的禁止期间的结束，根据普通刑法和少年刑法所作之后裁决；行为人被赦免的理由和大赦，以及被剥夺自由的制裁的结束或者完成等。③

从当今世界各主要国家有关犯罪记录的立法和司法实践来看，犯罪记录制度主要包括"犯罪人员犯罪信息登记制度""犯罪记录通告或查询制度"和

---

① 《现代汉语词典》（第七版），商务印书馆2016年版，第615~616页。
② 《辞源》（修订本第四册），商务印书馆1983年版，第2876页。
③ 参见于志刚：《关于构建中国犯罪记录查询制度的思考》，载《中国司法》2008年第10期。

"犯罪记录的封存或消灭制度"。① 犯罪记录在客观上体现为一个司法统计数据库,其价值主要体现在:(1)为刑事政策和立法提供依据。犯罪记录可以实现犯罪信息的全面登记和分析,集中有关犯罪和犯罪人的信息、资料,以此作为犯罪类型统计的基础,为国家整体刑事政策的制定提供基础信息;就某个特定的个人的犯罪记录而言,它不仅为个案中的刑罚执行效果提供用于评价的参考数据,从而判断适用于具体犯罪人前罪的刑罚在量上是否有所不足,是否需要在犯罪人再次犯新罪时在后罪的刑罚的量上加以补足;而且也为国家立法机关整体上评价关于某一罪名的法定刑设置是否妥当提供长期的实践检验数据,从而为法定刑的合理化调整提供经验分析的原始数据,这也是立法的重要完善渠道之一。(2)保障法律制度的实施。犯罪记录的重要价值还在于"为各项法律制度的贯彻执行提供信息基础(比如,法律、法规对于受过刑事处罚者规定限制、剥夺某种特定从业资格,此种具体规定的落实就需要以犯罪记录的查询、确认为基础和前提),对促进、保障法律的具体实施,实现法律体系的逻辑平衡,具有重大的司法实践价值"②。

犯罪记录作为客观的法律事实是永远存在的。虽然作为犯罪记录的载体本身可能被销毁,然而即使犯罪记录的载体被消除,作为犯罪记录的实质内容仍然是客观存在的。意大利刑法理论也认为,作为一种违法事实,犯罪是不可能被消除的,真正能够消除的只是犯罪可能产生的后果,即它的可罚性。③ 因此,无论是销毁作为犯罪记录载体的文件,还是用其他方法去改变记载犯罪事实的档案,都只能说是销毁或者改变了犯罪记录的载体,客观上使

---

① 参见李玉萍:《犯罪记录制度初探》,载《法律适用》2010年第12期。
② 于志刚:《"犯罪记录"和"前科"混淆性认识的批判性思考》,载《法学研究》2010年第3期。
③ 参见[意]杜里奥·帕多瓦尼:《意大利刑罚学原理》,陈忠林译,法律出版社1998年版,第389页。

犯罪记录的形式不存在，但是仍不能改变犯罪记录中实体内容的客观存在性。而且，从法律角度来看，犯罪记录只是客观记述的官方记录而已，它只影响到对于犯罪记录的规范性评价；对于犯罪人和知晓这一犯罪事实的被害人等人来讲，犯罪记录中的实体内容则是个人的历史性记忆，无论有无官方记述的犯罪记录，行为人曾经有过的犯罪事实都是客观存在的，此种记忆也是永久存在的，而这种永久性的记忆影响到的则是社会公众的非规范性评价。

在我国，"犯罪记录"及其查询制度目前在法律体系中基本上是空白，只是在相关的法规、规章以及规范性文件中有所涉及，主要体现为要求公民在出国、留学、就业等场合出具《无犯罪记录证明》。在理论研究方面，"一直以来，人们将犯罪记录制度的目的和功能多定位于补遗刑罚功能的不足，片面强调犯罪记录对犯罪人员的惩罚作用，而较少注意到犯罪记录制度的人权保障功能"[①]。为了改变这一现状，2008年11月中共中央批转的中央政法委《关于深化司法体制和工作机制改革若干问题的意见》中要求"探索建立犯罪人员犯罪记录制度"。最高人民检察院在前期试点的基础上修订了《关于行贿犯罪档案查询工作的规定》，由此拉开了构建我国行贿人员犯罪记录制度的序幕。[②]最高人民法院2009年颁布的《人民法院第三个五年改革纲要（2009—2013）》也明确要求"配合有关部门研究建立犯罪人员的犯罪登记制度"。

2012年5月，为贯彻中央司法改革方案中关于"建立犯罪人员犯罪记录制度"的要求，最高人民法院、最高人民检察院、公安部、国家安全部、司法部联合制定印发了《关于建立犯罪人员犯罪记录制度的意见》。该意见规

[①] 参见李玉萍：《犯罪记录制度初探》，载《法律适用》2010年第12期。

[②] 由于国家监察体制改革后检察机关的反贪反渎和职务犯罪预防部门已转隶至监察委员会，自2018年8月1日起，全国检察机关停止行贿犯罪档案查询工作，相关单位和个人如有查询需要，可到中国裁判文书网自行查询。

定，犯罪人员犯罪记录制度的主要内容包括：(1)建立犯罪人员信息库，即由公安机关、国家安全机关、人民检察院、司法行政机关分别建立有关记录信息库，并实现互联互通，待条件成熟后建立全国统一的犯罪信息库。录入的信息应当包括以下内容：犯罪人员的基本情况、检察机关（自诉人）和审判机关的名称、判决书编号、判决确定日期、罪名、所判处刑罚以及刑罚执行情况等。(2)建立犯罪人员信息通报机制。人民法院应当及时将生效的刑事裁判文书以及其他有关信息通报犯罪人员信息登记机关。监狱、看守所应当及时将《刑满释放人员通知书》寄送被释放人员户籍所在地犯罪人员信息登记机关。县级司法行政机关应当及时将《社区服刑人员矫正期满通知书》寄送被解除矫正人员户籍所在地犯罪人员信息登记机关。国家机关基于办案需要，向犯罪人员信息登记机关查询有关犯罪信息，有关机关应当予以配合。(3)规范犯罪人员信息查询机制。公安机关、国家安全机关、人民检察院和司法行政机关分别负责受理、审核和处理有关犯罪记录的查询申请。上述机关在向社会提供犯罪信息查询服务时，应当严格依照法律法规关于升学、入伍、就业等资格、条件的规定进行。辩护律师为依法履行辩护职责，要求查询本案犯罪嫌疑人、被告人的犯罪记录的，应当允许，涉及未成年人的犯罪记录被执法机关依法封存的除外。(4)建立未成年人犯罪记录封存制度。(5)明确违反规定处理犯罪人员信息的责任。这一意见初步构筑了我国的犯罪人员犯罪记录制度。但是，这一意见仍然是原则性的，对于何时建立全国统一的犯罪信息库等问题仍有待进一步明确。

（二）犯罪记录与前科的关系

在我国法学界，"犯罪记录"和"前科"概念基本上等同使用，"要么在外延与本质上将'前科'和'犯罪记录'相等同，要么将二者的关系完全混乱化"①。概括起来，主要有以下几种混淆性观点："在总结刑法第100条规定的制度名称时体现出的混淆性认识""直接将前科等同于犯罪记录""前科的概念界定趋同于犯罪记录"和"前科消灭制度中的混淆性表现"。笔者认为，"犯罪记录"和"前科"是既有本质区别又有密切联系的两个概念。

1. 犯罪记录与前科之间有本质区别

首先，两者是一种客观事实与法律评价之间的关系。具体来说，"犯罪记录"是作为规范性评价的对象存在的，它是"前科"制度的存在基础和前提；而"前科"则是作为一种法律评价结论出现的，是依据法律规范对于"犯罪记录"加以规范性评价而得出的结论。因此，"犯罪记录"只是客观地提供了行为人的犯罪事实及其承担的相应的法律后果等历史记录，"前科"则是基于犯罪记录的存在而导致的规范性评价。但是，对于犯罪记录的评价是多方面和多角度的，包括规范性评价，也包括非规范性评价；评价的结论包括规范性评价的结论即"前科"，但是远远不限于前科，还包括作为非规范性评价结论的"贴标签效应"。"犯罪记录"与"前科"都是由于行为人的犯罪行为所导致的相关法律责任的结果，两者的关键不同之处在于，前者是对行为人犯罪事实的客观表述和记载，后者则是法律、法规基于行为人的犯罪事实及其相关法律后果等记载所做出的一种否定性的规范性评价。

其次，两者在存在时间长度和对象范围上也有差异。第一，存在时间长度的差异。"前科"主要是法律基于犯罪记录的存在而在一定时间内对其进行的规范性评价，进而依据此种结论而对于行为人的法律地位、资格加以限制。作为一种对于犯罪记录的规范性评价的结论，前科是行为人因实施犯罪而被判处刑罚且刑罚已经执行完毕或者被赦免后在一定期间内的一种法律地位，

---

① 于志刚:《"犯罪记录"和"前科"混淆性认识的批判性思考》，载《法学研究》2010年第3期。

它可能导致对行为人诸多权利的限制或剥夺。此种不利影响正是法律出于特殊预防与保护社会公共利益的目的而对行为人设置的防范性措施。因此，前科的存在应当具有法定的时间期限，也就是说，对于记载行为人曾经被定罪量刑这一客观事实的犯罪记录进行规范性评价的时间，应当有明确的法律规定，不能是无限期的。但是"犯罪记录"作为一种对行为人犯罪及刑罚事实的原始的客观式的记述，既是无须设定期限也是不可能被限制期限的客观存在。换言之，犯罪记录是永远存在的，不可能被消灭的。第二，对象范围的差异。犯罪记录是对一切犯罪的客观事实信息的记载，而前科却只是对于一部分犯罪记录的规范性评价。设置犯罪记录的目的在于客观地记录行为人的犯罪信息，此种记述不涉及任何规范性评价，因而不会对行为人产生任何诸如前科等规范性评价结论导致的不利后果。基于此，在既不会损害行为人权益，又能实现犯罪记录设置目的的基础上，犯罪记录的范围远远广于构成前科的犯罪事实。同时，犯罪记录中记录的性质也决定了其存在的范围应当广于前科评价中的犯罪事实：犯罪记录作为对行为人犯罪事实的记述，为了真实再现行为人的详细犯罪信息，必须客观全面地对行为人所有涉及犯罪及刑罚执行的事实进行记录。

2. 犯罪记录与前科之间有密切联系

两者的联系主要体现在犯罪记录是前科的前提，有犯罪记录才有前科的规范性评价。犯罪记录作为对行为人犯罪事实的客观全面的反映，是前科制度的基础，为作为规范性评价结论的前科之形成提供事实信息和评价对象，法律、法规只有在核定有关犯罪记录存在的基础上，才会对相关行为人作出规范性评价。因此，行为人因犯罪而导致定罪与刑罚的犯罪记录，在法定的一段时期内存在是合适的，有助于借此判断先前所判定的刑罚在量上是否存在不足，并借此通过更为合适的刑罚来惩罚和改造再次犯罪的行为人。但是，犯罪记录除了导致前科这一规范性评价结论外，还会导致其他的评价，如引发社会公众的敌视心理、防范心理并由此导致他们对犯罪人避而远之，以及形成犯罪学概念上的"贴标签效应"。这些都不是犯罪记录本身所引发的效应，而是社会公众自发进行的"非规范性评价"。[①]

第二节 前科消灭与犯罪记录封存

一、前科消灭概述

（一）前科消灭的概念

如前所述，国内外立法及刑法理论界对"前科"概念存在较大的分歧。因此，对于"前科消灭"概念的界定亦是众说纷纭。概而言之，关于前科消灭的界定，较有代表性的大致有以下几种观点：

1.前科消灭即注销犯罪记录。例如，"前科消灭在世界各国刑法典中，提法不尽一致，或者称为复权，或者称为刑罚失效，或者称为注销犯罪记录，或者称为前科消灭。总之，它们都是指曾经被定罪或者是判刑的人，在具备法定条件时，注销其犯罪记录的制度"[②]"前科消灭是指当曾受过有罪宣告或者被判处刑罚的人在具备法定条件时，注销有罪宣告或者罪及刑记录的制度"[③]。

2.前科消灭即结束特殊法律地位或者状态。例如，"前科消灭是指被法院认定犯有罪行并被科刑的人在服刑期满或免刑以后，经过一定期限未犯新罪，

[①] 于志刚：《"犯罪记录"和"前科"混淆性认识的批判性思考》，载《法学研究》2010年第3期。
[②] 参见赵秉志：《刑罚总论问题探索》，法律出版社2002年版，第640页。
[③] 参见马克昌：《刑罚通论》，武汉大学出版社1999年版，第711页。

从而结束其特殊法律状态的制度"①。

3.前科消灭既是注销犯罪记录，也是结束特殊法律地位或者状态。如"前科消灭可以作以下界定：即是指曾经受过法院有罪宣告或被判定有罪的人在具备法定条件时，国家抹消其犯罪记录，使其不利益状态消失，恢复正常法律地位的一种刑事制度"②"前科消灭制度是指具有前科的人经过法定程序被宣告注销犯罪记录，恢复正常法律地位的一种制度"③。

笔者认为，结合前科的定义，前科消灭应当界定为"结束特殊法律地位"，即是对被法院判决有罪或者被科以刑罚的人在符合法定条件下，消灭其不利益的状态，恢复其正常法律地位的一种刑事法律制度。

（二）域外国家和地区前科消灭制度

毋庸置疑，前科制度对于预防犯罪有着一定的积极意义。因为犯罪都是主观和客观的统一。社会危害性及其程度不能只看犯罪行为客观上所造成的损害，还包括行为人的主观恶性和人身危险性。在考察行为人的主观恶性和人身危险性时，除了考察行为人的主体要件和主观要件外，还要考察行为人的一贯表现、犯罪后的态度等。因此，各国大都在刑法上规定前科制度。

但是，前科却又非常不利于罪犯回归社会。因为前科不仅可能导致丧失某种权利或资格，而且还会使罪犯受到他人的歧视，造成学习、生活、工作诸方面的困难和障碍。如果永久地保留前科，会使一些人产生"破罐子破摔"的想法，进而再次犯罪。而且，当一个有前科的人再次犯罪时，可能会想到因为有前科将受更重的处罚时而一不作二不休，选择更严重的犯罪，对社会造成更大的危害。这也是保留前科的弊端。正如日本学者西原村夫所云："前

---

① 参见王启富、陶髦主编：《法律辞海》，吉林人民出版社1998年版，第1341页。
② 参见付强：《前科消灭的概念研析》，载《当代法学》2011年第2期。
③ 参见于志刚：《刑罚消灭制度研究》，法律出版社2002年版，第695页。

科,即以前被判处过刑罚这种事实虽然永远不能抹去,但前科的事实伴有各种资格限制、资格停止。如果法律上没有经过一定期间后将之消灭的制度就会使受刑罚宣告的人承受过于苛酷的负担,并且妨碍他们改善更生。"① 因此,为了更好地发挥前科的积极作用,抑制前科的消极因素,当今世界各国已广泛地采用前科消灭制度。多数国家叫"前科消灭",但也有的国家叫"复权",有的国家叫"刑罚失效",有的国家称为"注销记录"。

一般认为,前科消灭制度滥觞于法国,产生于17世纪后半叶,是在君主赦免权基础上发展起来的。随后德国以及其他国家,或多或少地均是以法国为榜样而确立相当于前科消灭制度的相关制度。②

俄罗斯规定了比较完备的前科消灭制度。根据《俄罗斯刑法典》第86条第3款的规定,在下列情况下前科消灭:(1)被判缓刑的人考验期届满;(2)被判处比剥夺自由更轻刑种的人,服刑期满后过1年;(3)因轻罪或中等严重程度的犯罪被判处剥夺自由的人,服刑期满后过3年;(4)因严重犯罪而被判处剥夺自由的人,服刑期满后过6年;(5)因特别严重的犯罪被判处剥夺自由的人,服刑期满后过8年。前科的消灭不需要法院的专门裁决,也不需要任何证明这一事实的文件。在服刑期满经过法定期限或缓刑时考验期届满,前科的消灭自动发生。除前科的消灭外,《俄罗斯刑法典》第86条第5款还规定了前科的撤销。即如果被判刑人在服刑期满之后表现良好,则法院可以根据他本人的请求,在消灭前科的期限届满之前撤销前科。

从上述规定不难看出,俄罗斯刑法中的前科消灭的特征如下:首先,前科消灭的前提条件是行为人受过刑罚处罚且刑罚已执行完毕。因为前科消灭

---

① [日]西原村夫:《刑法总论·下卷》,成文堂出版社1995年版,第540页。转引自马克昌:《比较刑法原理》,武汉大学出版社2002年版,第953页。
② [德]李斯特:《德国刑法教科书》,徐久生译,法律出版社2000年版,第509页。

严格地说不能叫作"刑罚的消灭",而是刑罚事后效果的消灭。其次,必须经过一段时间,也就是说并非刑罚执行完毕以后就能马上引起前科消灭或者撤销的法律后果,而是要经过一段时间。这段时间的长短主要取决于原判刑罚的轻重。再次,考察个人表现,即前科只有在法定期限内具备法律所规定的个人表现的情况下才能消灭,不符合这一条件,则不能被消灭,这是前科消灭的实质条件。对于前科消灭所必备的个人表现,《俄罗斯刑法典》规定只要法定期限内未犯新罪,即可消灭前科。① 此外,《俄罗斯刑法典》不仅规定了上述一般的前科消灭与撤销制度,还对于未成年人前科消灭的期限在第95条中予以特殊的规定,即"对年满18岁之前实施犯罪的人,本法典第86条第3款规定的消灭前科的期限应予缩短,分别为:(1)因轻罪或中等严重的犯罪而服剥夺自由刑的,服刑期满后经过一年;(2)因严重犯罪或特别严重犯罪而服剥夺自由刑的,服刑期满后经过三年"。俄罗斯刑法中对于未成年人前科消灭的期限较成年人短,体现了对未成年人的特殊保护和关照。

除俄罗斯外,《意大利刑法典》也系统规定了前科消灭制度。根据《意大利刑法典》第179条规定,适用前科消灭的条件是:(1)主刑执行完毕或被消除后,经过至少5年;如果被判刑人是累犯、惯犯、职业犯、倾向犯,则至少需要经过10年。(2)在上述期间内,被判刑人的"良好行为"得到有教养的人的证明。(3)被判刑人未曾适用保安处分。(4)被判刑人已履行因犯罪而产生的民事债务(能证明确实无力履行的例外)。对符合上述条件的被判刑人提出的复权要求,法官必须同意,不得拒绝。"如果被复权人在5年内再犯非过失性重罪",并被处3年以上监禁刑或更重的刑罚,复权判决即被撤销。意大利的前科消灭制度除了复权外,还有"不在司法档案证明中提及有罪判

---

① 参见党日红:《前科制度研究》,载《河北法学》2006年第3期。

决"。所谓"不在司法档案证明中提及有罪判决",是指在为被判刑人出具司法档案证明时,不提及有关有罪判决的司法措施,由法官根据具体案情适用,其作用在于通过阻止该判决被公布,而产生有利于被判刑人重归社会的效果,主要是减少寻找工作方面的障碍。根据《意大利刑法典》第175条规定,这种措施的适用条件为:(1)被判的刑罚为2年以下的监禁刑,或者100万里拉以下的财产刑,在被并处监禁刑和财产刑时,折合刑期不得超过30个月。(2)犯罪人没有因犯罪而被判刑的前科,在任何时候被判刑人再犯重罪,这种命令即被撤销。①

综上,国外的前科消灭通常是指当曾受过有罪宣告或者被判处刑罚的人具备法定条件时,结束其特定的法律地位并恢复权利或者资格的制度。

二、犯罪记录封存与前科消灭之关系

"犯罪记录封存"一词有"犯罪记录"和"封存"词组组成。在《现代汉语词典》中,"封存"一词包括两个含义:一是"封闭起来保存";二是"查封并保存"。②"犯罪记录封存"中"封存"应当取第一种含义。简言之,"犯罪记录封存"是指把犯罪记录封闭起来保存,任何单位和个人均不得查询。

2018年《刑事诉讼法》第286条规定:"犯罪的时候不满十八周岁,被判处五年有期徒刑以下刑罚的,应当对相关犯罪记录予以封存。犯罪记录被封存的,不得向任何单位和个人提供,但司法机关为办案需要或者有关单位根据国家规定进行查询的除外。依法进行查询的单位,应当对被封存的犯罪记录的情况予以保密。"这一规定通常被称为未成年人"犯罪记录封存制度"。对于这一新创设的未成年人司法制度,学术界和实务界均给予充分肯定和积

---

① 陈忠林:《意大利刑法纲要》,中国人民大学出版社1999年版,第288~289页。
② 《现代汉语词典》(第七版),商务印书馆2016年版,第392页。

极评价,认为其有利于弱化未成年犯的犯罪标签心理,对其复学、升学、就业以及顺利回归社会均具有重要的现实意义。但是,也不乏有批评和质疑的声音,认为应当确立犯罪记录"消灭"制度,主张应当用"前科消灭制度取代犯罪记录封存制度"。

笔者认为,这种质疑的声音也值得质疑,它实际上混淆了犯罪记录封存制度与前科消灭制度。如前所述,犯罪记录封存是前科消灭的程序保障,是前科消灭的程序之维;犯罪记录封存与前科消灭的关系如同实体公正与程序公正关系一样,是硬币的两面,缺一不可;前科消灭制度"消灭"的是犯罪记录的刑事法律评价和非刑事法律评价,而犯罪记录封存制度是为了保障前科消灭制度的实现,并侧重"封存"的是犯罪记录的非法律评价。

前科是一种法律地位,是对犯罪记录的法律评价。这种评价主要包括两个方面:一是刑事法律评价;二是非刑事法律评价。前者主要体现累犯和再犯制度以及特定犯罪的定罪上;后者包括民事、行政法律上的评价,如《公务员法》《法官法》《检察官法》《人民警察法》等法律对有前科的人特定资格的剥夺或者限制。而前科消灭是对被法院判决有罪或者被科以刑罚的人在符合法定条件下,消灭其不利益的状态,恢复其正常法律地位的一种刑事法律制度。换言之,前科消灭是消灭前述两种不利益的法律评价。而要消灭这两种不利益的法律评价特别是非刑事法律评价必须依赖于犯罪记录封存制度即禁止查询犯罪记录来实现。

除此之外,犯罪记录除了有法律评价——前科外,还存在一种非法律评价。而要消灭非法律评价同样有赖于犯罪记录封存制度来实现。所谓非法律评价是指法律规范以外的社会上的及道义上的因素所产生的不利益,是社会公众对有前科的人的犯罪事实的自行评价。这种非法律评价源于社会公众的敌意和防范意识,是导致犯罪人顺利回归社会的主要障碍。如果说前科的法律评价是一种看得见、摸得着的"惩罚",那么前科的非法律评价则像影子一样,无声无息却随处可感,但是相对于这些看得到、摸得着的法律评价,前科的非法律评价虽然是看不到、无声无息的,但却是无处不在的,其给犯罪人和社会带来的影响相对于法律规定的影响有过之而无不及。① 此种社会公众自行进行的非法律评价的结论,体现为社会公众对犯罪人的排斥、避而远之等,在理论上被总结为"标签效应"等学说。在任何国家,这种非法律评价都是犯罪人顺利回归社会的主要障碍。特别是在我国,由于对犯罪人根深蒂固的情感否定因素的作用,使得社会公众认为曾经犯过罪或者有过犯罪记录的人就是"坏人",这种思想在潜移默化中左右着人们对有过犯罪历史的人的看法。社会公众在某种程度上形成了一种习惯,对于那些曾经有过犯罪行为的人很难再予以像一般人那样的待遇。从某种程度上讲,社会公众对于有犯罪记录者的自发的非法律评价,既是报应文化的延续,更是法律评价的必然后果:由于国家对于犯罪人的法律评价的先行形成和公示,导致人们基于对国家权威、司法公正等的惯性认可,而认可了国家对于犯罪人和犯罪行为的法定评价,但是,问题的关键是,国家进行的法律评价是"就事论事"型的,而且评价效果是暂时的而非永久的。但是,当此种法律评价结论传达给社会公众并且被接受之后,往往就被定格为永久性的评价结论——一种源于"法律评价"但是却又独立于"法律评价"的"非法律评价"。② 此种社会公众的非法定评价,"使曾经有过犯罪行为的人难以建立正常的人际关系,使他们陷入孤独、自卑、不安、恐惧和痛苦中,由于得不到社会的承认,更使得这些人很难在社会上立足,有的甚至重新

---

① 参见覃剑峰:《论前科》,武汉大学 2010 年博士学位论文。
② 参见于志刚:《"犯罪记录"和"前科"混淆性认识的批判性思考》,载《法学研究》2010 年第 3 期。

走上犯罪的道路"[①]。

因此,除了需要消灭犯罪记录的法律评价外,更需要消灭犯罪记录的非法律评价。这就需要建立犯罪记录封存制度。

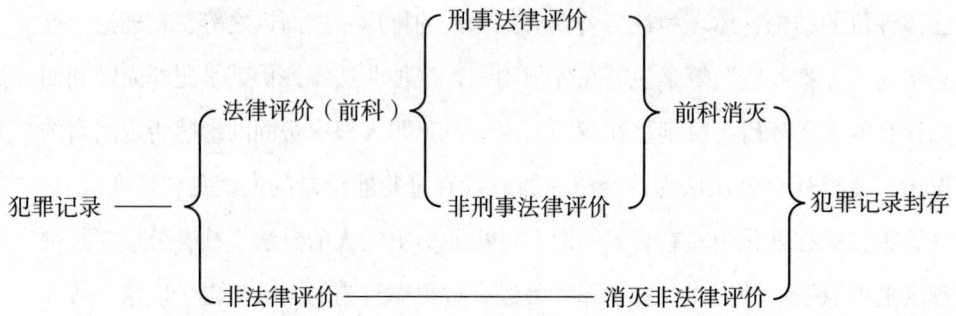

前科与犯罪记录之关系、前科消灭与犯罪记录封存之关系图

---

① 房清侠:《前科消灭制度研究》,载《法学研究》2001年第4期。

第二章

犯罪记录封存之制度根据

《刑事诉讼法》明确规定了犯罪记录封存制度，使该制度获得了合法性（legality），但这并不等于说该制度自动取得了正当性（legitimacy）。在法哲学上，一直存在合法性与正当性的辩论。[①]"尽管在现代社会正当性通常表现为合法性，但合法性与正当性概念不可混淆，更不可互相代替。"[②]"合法性是一个比正义更弱的理念，它给可行的行为所施加的约束也更弱一些……合法性允许有一定范围的不确定的不正义存在，而正义则不然。"[③]笔者认为，犯罪记录封存制度具有厚实的正当性基础。

第一节 理论基础

一、哲学基础

（一）唯物辩证法要求消灭前科和封存犯罪记录

唯物辩证法认为，物质世界中的万事万物都处在相互作用的普遍联系之

[①] 参见周濂：《正当性与合法性之辨》，载《读书》2014年第5期。
[②] 刘杨：《正当性与合法性概念辨析》，载《法制与社会发展》2008年第3期。
[③] ［美］罗尔斯：《政治自由主义》，万俊人译，译林出版社2000年版，第455~456页。

中，都处在不断产生、不断消亡的运动、变化和发展的永恒的过程之中。大到整个宇宙，小到生物有机体，无不遵循着运动变化的规律。恩格斯指出："在唯物辩证法面前，不存在任何最终的、绝对的、神圣的东西；它指出所有一切事物的暂时性；在它面前，除了发生和消灭，无止境地由低级上升到高级的不断的过程，什么都不存在。它本身也不过是这一过程在思维着的头脑中的反映而已。"① 因此，有前科的人和世界其他物质一样，也处于一种不断的运动变化过程之中。前科人员是可以被改造和教育的，曾经犯过罪的人并不一定永远都是坏人。通过或是直接或是间接的方式，或是明显或是潜移默化的方式，他们从思维到人格再到行动都可能发生根本变化，恶的可以去恶从善，善的可以更善。然而，前科则强调人是不可以被改造和教育的，这实际上是一种绝对的静止观；而前科消灭则在制度上承认犯罪人的自我改造效果。因此，根据犯罪人的相应表现，在符合法定条件下，给予其消灭前科待遇，这才符合辩证唯物主义运动观的基本原理。

唯物辩证法还认为，要用联系、发展的眼光去认识世界和改造世界，而不能用片面、孤立、静止的观点去观察和看待事物。有前科者也是社会中的人，但是，前科的永久存在使得其与前科者"如影相随""形影不离""阴魂不散"，也难以改变社会大众对其漠视、孤立、排斥，最终导致前科者难以顺利回归社会。在某种程度上，可以说，"前科永久存续实际上是对前科者与社会之间关系的一种制度上的割裂，忽视了他们与社会的双向联系和沟通，人为地为他们参与正常的社会关系设置了屏障"②。毋庸置疑，前科具有一定的积极作用，也是国家和社会防卫的需要。但是，如果将前科者的"前科"特征予以固化，并将这种意识镕铸于社会观念里面，那是非常不科学与妥当的。

---

① 《马克思恩格斯选集》（第4卷），人民出版社1972年版，第384页。
② 彭新林：《论前科消灭制度的正当性根据》，载《北方法学》2008年第5期。

所以，坚持唯物辩证法，那么前科者的"前科"特征就不应当永久存续，不应当成为铸造在其身上的永久印记。在刑罚执行完毕后，在经过执行机关的改造，国家和社会都应当为前科者重新融入社会、恢复正常社会关系搭建制度平台。而前科消灭正是这样一种闪耀着唯物辩证法理论光辉的刑事制度，前科消灭不仅仅是前科者个人对社会的权利诉求，更为重要的是社会自身维持其内部的活力与多样性，实现不断发展的必然要求。

唯物辩证法认为，事物的发展是通过否定实现的，辩证否定不是一次完成的，而是经过从肯定到否定，再到否定之否定的自我发展，自我完善的一个有规律的过程。[①] 通过否定之否定，从而显示出事物自己发展自己的完整过程以及发展的基本方向。"犯罪人实施犯罪，国家对其进行否定性的规范评价，判定其有罪，并科以刑责，这是对其犯罪行为的否定。犯罪人承担刑责（包括刑罚执行完毕）后，通过前科消灭，注销其犯罪记录，恢复相应的资格与权利等，又是对犯罪行为否定之否定（含有否定刑罚与刑责的精神），只不过这一否定之否定乃是辩证的否定，即'扬弃'，既是克服、抛弃，又是继承、发扬。"[②] 第一次否定给犯罪人烙上了前科的印记，使之承受一系列的犯罪不利后遗效果，造成其更生的困难；而通过前科消灭进行的第二次否定，又是对第一次否定之否定，即消除犯罪的后遗影响，解除犯罪人精神上的负担，使之恢复正常的生活状态，从而达到新的平衡。这才实现了事物自己发展自己的完整过程。如果前科永久存续，而在刑事立法中没有前科消灭制度的设置，那么实际上所完成的只是一次否定，而缺乏第二次否定，这是违反唯物辩证法否定之否定的基本规律的。

---

① 参见刘同舫编著：《简明哲学原理》，华南理工大学出版社2006年版，第103页。
② 彭新林：《论前科消灭制度的正当性根据》，载《北方法学》2008年第5期。

（二）人的全面发展学说要求消灭前科和封存犯罪记录

马克思主义关于人的全面发展学说认为，衡量人类进步的根本标准，归根结底在于人类个体的自由而全面的发展，在于人的自由和解放。实现人的自由全面发展，是人类社会文明进步的主要标志。从人的自身状态看，人的全面发展是指作为目的本身的人类能力的发展，包括人的个性才能的全面发展，以及个人与他人、集体，个人与社会的和谐能力等的全面发展。这种全面发展观的核心是突出人作为目的，作为主体的人的自由自觉活动能力的全面发展。在社会学意义上，人的全面发展是指人的社会特性的全面发展。"在社会联结和社会关系中，人的本质力量和丰富潜能被发现、唤起、培育、塑造，个人通过参与各领域、各层次的交往，同无数其他个人交换各自的活动，得到两性、血缘、地域、经济、政治、文化等无数社会关系的规定，获得社会特性的全面发展。"① 而前科的永久存续则背离这一基本原理。同时，前科必将引起犯罪人的再社会化阻滞效应，更遑论其社会特性的全面发展。因此，只有确立前科消灭制度，重建前科者被制度割裂的社会联结，恢复其新生的希望，回归社会，人才可能全面发展。

综上，从唯物辩证法以及人的全面发展学说出发，在保留前科制度的同时，还应当同时确立前科消灭制度和犯罪记录封存制度。

（三）人性学说要求消灭前科和封存犯罪记录

"人性"一词是由"人"与"性"两个字组成，是指人之本性或者人所具有的属性。"这种属性是人生而固有的，而不是后天习得，它既包括人区别于其他动物的人之特性，又包括人与其他动物共同的人之动物性。"② 英国人类学家马林诺夫斯基（Bronislaw Malinowski）认为，"我们可以根据一个事实来

---

① 参见王宏波、李建群主编：《哲学教程》，西安交通大学出版社2002年版，第524页。
② 王海明：《人性论》，商务印书馆2005年版，第275页。

定义人性：即无论居于何处及实践何种文明，人们都必须吃喝、呼吸、睡觉、生育，并且从机体排泄废物"，而这些人性需求又导致各种各样的衍生需求，法律、宗教等制度只不过是满足这些衍生需求的措施或手段。①人性的基本要求乃在于"人类出于良知而在其行为中表现出来的善良与仁爱的态度和做法，即把任何人都作为人来对待。因此，刑法的人道性的最基本也是最根本的要求，可以归结为如下命题：犯罪人也是人"②。人性不仅是观察问题、分析问题的思维原点，而且也是一切立法、司法、执法等法律活动的原始基础。诚如哲学家休谟所言："一切科学对于人性总是或多或少地有些联系，任何科学不论似乎与人性离得多远，它们总是会通过这样或那样的途径回到人性。"③犯罪记录封存制度作为一项刑事范畴的法律制度，针对和适用的对象都是人，其不仅表现为一种"法律的现实"，甚或"社会的现实"，而且更为重要的是一种"人的现实"。因此，从人性的角度来观察犯罪记录封存制度，探寻犯罪记录封存制度赖以维系的人性根基，就具有重要意义。

在我国，人性或称为人道是古代哲学的重要问题。关于人性，最著名的争论莫过于"性善论"与"性恶论"。主张"性善论"的代表人物孟子曾言："人之所以异于禽兽者几希，庶民去之，君子存之。"④而"性恶论"则认为人的本性是恶的，即所谓"人之性恶，其善者，伪也"⑤。为扼制人性恶，"起法正以治之，重刑罚以隶之，使天下皆出于法，合于善也"⑥。但是，无论是"性善

---

① 参见［英］B.马林诺夫斯基：《科学的文化理论》，黄建波等译，中央民族大学出版社1999年版，第80、111页。
② 陈兴良：《刑法哲学》（修订第三版），中国政法大学出版社2004年版，第10页。
③ ［英］休谟：《人性论》（上），关文运译，商务印书馆1991年版，第6页。
④ 《孟子·离娄》。
⑤ 《荀子·性恶》。
⑥ 《荀子·性恶》。

论"还是"性恶论"都具有一定的片面性，都难以完整地为前科消灭制度和犯罪记录封存制度提供完整的理论基础。这两种关于人性的理论解说都有合理性的一面，但两者谈论的都是抽象的人性论，并且局限于从伦理学的角度进行考察。①

马克思主义人性论则认为，人的本性无所谓善，也无所谓恶，善恶均是在后天的社会实践与生活环境中所形成的。人性是人在同自然、社会和自身三者的对象性活动中表现出来的区别于动物的根本特征，是自然性、社会性和主体性的统一。②人性都是特定历史条件下的具体的、社会实践中的人性。在环境、制度和人性发展的相互关系中，环境的塑造和制度的变革必须体现和合乎人性发展的要求。即"必须这样安排周围的世界，使人在其中能认识和领会真正合乎人性的东西，使他认识到自己是人。既然人的性格是由环境造成的，那就必须使环境成为合乎人性的环境"。③马克思主义人性论还认为，人性是变化发展，不是永远静止不动的。"惟此可变人性，并作为必然之可变，其可变程度之强弱，与其所受外力之刺激有关，亦与个体之修持有关，如以相同之外力加诸不同之个体，则其呈现之反应能力，并非全同，是为明证，故人之可塑性，实常因人而异。"④不可否认，人性的可变性因人而异，因时不同，但是，人性在后天可以改变，却是不容否认的事实。"世上没有或者说很少有一个罪犯是彻头彻尾的恶棍，当然也就更难见到一个人是不折不扣的刁民了""只要我们不使人流于放纵，他就不难成为一个好人，他就可以快乐地生活，而没有什么良心不安的地方""绝不会有一个作恶的人在任何事情

---

① 参见王凌皞：《孟子人性发展观及其法理意义》，载《法学研究》2013年第1期。
② 参见郭毅然：《马克思主义人性论》，载《理论与改革》2004年第6期。
③ 《马克思恩格斯全集》（第2卷），人民出版社1957年版，第166~167页。
④ 房传珏：《现代观护制度之理论与实际》，台湾三民书局1977年版，第172页。

上都无法使他为善的""人们能够改变人性，无论过去的行为条件存在了多长时间——否则，我们只会跟我们的祖先一样，至今还生活在山洞里"。①人性除具有可变性，人性总体上还是向前发展，具有发展性。历史上不但不同时代和同一时代不同阶级的人性是各不相同的，就是同一阶级在其发展的不同历史时期人性也是有差异的。

由于人性具有可变性与发展性，一个具有前科的人通过自身的悔悟自醒、洁身自好以及外界刺激等，其人性也是可以改变的。"一日行窃"，并非"终身为贼"，曾经犯罪的人并不一定永远是恶人甚或一开始就不是恶人。他们在社会发展的过程中，完全可以悔罪自新，告别过去，洗心革面，彻底新生。而前科若不可以消灭，无疑是向社会昭示"一日行窃、终身为贼"，其人性是静止的不可变的。在某种程度上，可以说这是对犯罪人人性的否定。因此，人性的可变性与发展性客观上决定了前科消灭制度和犯罪记录封存制度存在的合理性与必要性。正如有学者所言："如果法律都不敢承认人是可以改造好的，而建立前科消灭制度，那么，设立的大量矫正机关不就等于自欺欺人吗？反过来，如果人是可以改造好的，又有什么理由不设立前科消灭制度，而是将其一直钉在犯罪的耻辱柱上？"②

综上，从人性论观点看也应当确立前科消灭制度和犯罪记录封存制度。

二、法理基础

从法理学考察，犯罪记录封存制度作为一项刑事范畴的法律制度，必须契合某些特定的基本价值，否则其存在的正当性与合理性就值得质疑。诚如美国法律哲学家博登海默指出："任何值得被称为法律制度的制度，必须关注

---

① 参见于晓雯等编：《格言大辞典》，辽宁人民出版社1990年版，第961、960、32页。
② 赵秉志：《刑罚总论问题探索》，法律出版社2002年版，第643页。

某些超越特定社会结构和经济结构相对性的基本价值……一种完全无视或根本忽视上述基本价值中任何一个价值或多个价值的社会秩序，不能被认为是一种真正的法律秩序。"①

犯罪记录封存制度是公正价值的要求。公正是一项崇高的价值目标。美国哲学家罗尔斯曾说："正义是社会制度的首要价值，正像真理是思想体系的首要价值一样。一种理论，无论多么精致和简洁，只要它不真实，就必须加以拒绝或修正；同样，某些法律和制度，不管它们如何有效率和有条理，只要它们不正义，就必须加以改造或废除。"②"从社会的合理建构来看，公平正义无疑是其中最为重要的价值追求。只有在公平正义的环境中，每个人才可以凭借劳动与努力而获致属于自己的财富与地位，社会才能在有序竞争中迸发其活力与生机。"③"当下中国社会公平正义的诉求仍然占据突出的位置。"④公正的含义在不同时代有着不同的内涵，在不同领域有各自的重点，但这并不意味着公正的非现实性，恰恰相反，这说明公正是一个极富有生命力的社会性事物，是现代国家和社会须臾不可缺少的价值准则。因此，正是由于前科的永久存续背离公正性，才要求确立前科消灭制度和犯罪记录封存制度。必须承认，行为人因犯罪而承担刑事责任，包括承受刑罚的惩罚，这是刑罚的题中应有之义，亦乃罪刑关系对应而保持公正观念的内在要求，当然也是公正观念对犯罪的评价所得出的必然结论。但是，当行为人承担刑事责任后，并以确实的行动证明其有悔改表现时，如果还让其长期生活在前科阴霾的笼罩之下，在相当长的时间内继续遭受犯罪所带来的种种报复，"一日行窃"就

---

① [美] E. 博登海默：《法理学：法律哲学与法律方法》，邓正来译，中国政法大学出版社1999年版，前言。
② [美] 约翰·罗尔斯：《正义论》，何怀宏等译，中国社会科学出版社1988年版，第1页。
③ 胡玉鸿：《新时代推进社会公平正义的法治要义》，载《法学研究》2018年第4期。
④ 杜宴林：《司法公正与同理心正义》，载《中国社会科学》2017年第6期。

真成了"终身为贼",不仅无力摆脱目前不利的境遇,而且即使有善行亦得不到善报,这不能不说有失公正。

除公正价值外,前科消灭制度和犯罪记录封存制度还体现了平等价值。平等是"一个具有多种含义的多形概念,它所指的对象可以是政治参与的权利、收入分配的制度,也可以是不得势的群体的社会地位和法律地位。它的范围涉及法律待遇的平等、机会的平等和人类基本需要的平等"①。"平等应该是一个整体性的概念,不能像物理学那样用分棱镜先把一束光进行分色,然后对各种单色做出对光以偏概全的描述,但我们却可以通过不同分色认识光。所以,虽然我们不能精准道出总体的平等,但是我们却能直接地感知不同方面的不平等。"② 有犯罪前科的人在一定期限内受到相应资格与权利的限制或剥夺,这是合理的,也是必要的。但是如果前科永久不能消灭,犯罪记录永久不封存,在立法中时刻幽灵般若隐若现,成为有前科者永远不能和正常人平等的制度性障碍,那么效果必然会适得其反。当那些认为自己同他人是平等的人在法律上得到了不平等的待遇时,他们就会产生一种挫折感,亦即产生一种他们的人格和共同的人性遭到了侵损的感觉。而前科消灭制度和犯罪记录封存制度则正是国家通过抹消前科的方式为前科者改变现实境遇,使其平等地参与享有权利和不受他人漠视而提供的制度安排,体现了平等性。

犯罪记录封存制度是功利主义的要求。所谓功利,按照英国法学家边沁的说法,是指"任何客体的这么一种性质:由此,它倾向于给利益有关者带来实惠、好处、快乐、利益或幸福(这些含义也相同);如果利益有关者是一般的共同体,那就是共同体的幸福,如果是一个具体的人,那就是这个人的

---

① [美] E. 博登海默:《法理学:法律哲学与法律方法》,邓正来译,中国政法大学出版社1999年版,第285页。
② 张永和:《中国大众平等观念评析》,载《中国法学》2015年第4期。

幸福"①。而且,"当一项行动,或特别是一项政府措施,被一个人设想为符合功利原理,那么为论述方便起见,可以想象有一类法规或命令,被称为功利的法规或命令,并且如此谈论有关行动,把它当作符合这样的法规或命令"②。

不可否认的是,功利主义面临着许多争议。但是"基于善之优先性的逻辑,当代功利主义、特别是制度功利主义完全可以在追求功利最大化的基础上建立一种合理的权利观。功利主义不应该被完全扫地出门,我们应该认真对待当代功利主义及其权利观"③。就前科消灭制度和犯罪记录封存制度的功利价值而言,该制度有利于增强公民对法律的忠诚感和信赖感。"在刑事立法中设置前科消灭制度,不仅可以让一般公民(特别是有前科者)感受到严法蕴涵的良善,而且能够让其切实体悟到法律是代表和保护其利益的。对于有前科者,国家和社会并没有断绝他们的自新之路,只要其不愿再作'浪子',那么就是可以'回头'的。"④而且,前科消灭有利于维护社会和谐。一般说来,有前科在全体国民中的比例并不高,但就其绝对数量而言,却不可小觑。可以想见,当有刑事前科的人员永远只能生活在"罪犯"的阴影之下,承受各种不利的痛苦煎熬,看不到新生的希望,看不到光明的前景,那么长此以往,只会使本人及其亲友产生累积的愤恨情绪以及对社会的不满,有的甚至会铤而走险,对社会进行疯狂报复,这些无疑会影响到社会的和谐与稳定。反之,如果在法律中设置有前科消灭制度和犯罪记录封存制度,使他们看到希望,看到光明,那么就能够极大地缓解犯罪人及其亲友与社会的矛盾,释放其不满情绪,从而有利于保障社会的和谐稳定。

---

① [英]边沁:《道德与立法原理导论》,时弘殷译,商务印书馆2000年版,第58页。
② [英]边沁:《道德与立法原理导论》,时弘殷译,商务印书馆2000年版,第59页。
③ 晋运锋:《权利奠基于功利》,载《法制与社会发展》2012年第6期。
④ 彭新林:《论前科消灭制度的正当性根据》,载《北方法学》2008年第5期。

因此，前科消灭制度和犯罪记录封存制度不仅体现了公正和平等价值，还体现了功利性价值，并为其提供了重要的法理学支撑和依据。

三、刑事法基础

前科消灭和犯罪记录封存制度作为一项刑事法律制度，必须具有刑法学上的理论依据和支撑。从刑法理论的角度看来，主要涉及刑罚的目的问题。刑罚的目的问题是刑罚理论的重大课题，自18世纪中叶以来，对此学说的观点聚讼纷纭、争论不休、莫衷一是。通过长达两个多世纪的论争，形成了报应论与预防论的对峙。20世纪以来，这两种刑罚理论学说又趋向于折中，衍生出通说的"一体论"或者"并合主义"。

"并合主义是一种折中的观点，以相对报应刑论为内容，故并合主义与相对报应刑论乃意义等同的概念。相对报应刑论认为，刑罚的正当化根据一方面是为了满足恶有恶报的正义要求，同时也必须是防止犯罪所必需且有效的，应当在报应刑的范围内实现一般预防与特殊预防的目的。'因为有犯罪并为了没有犯罪而科处刑罚'，是并合主义刑罚理念的经典表述。"[①] "当前世界各国均采并合主义，即一种综合的刑罚理论，大陆法系主要集中在报应主义（责任的抵偿）与社会复归或特殊预防刑罚目的之上，以威慑社会上一般人为核心思想的一般预防基本上被弃而不用，在大陆法系并由此而形成了双面责任主义和单面责任主义的争论；英美法系虽然也是采取综合的刑罚理论，而且正义之该当（just desert）对于刑罚常常具有基础性的作用，但是究竟是决定性的（determining）还是限定性的（defining）抑或仅仅是限制性的（limiting）原则，争论也还很大，但正义之该当至少是个限制性的原则，恰如美国法

---

① 张明楷：《新刑法与并合主义》，载《中国社会科学》2000年第1期。

律协会对《示范刑法典》进行修正所确立的'限制性报应主义'（limiting retributivism）的刑罚分配原则一样，对于其他功利性目的的考虑不能超过正义之该当，刑罚不能重于必要性的要求。"①"刑法的目的不应是一元的，而应该是二元的，这就是报应和预防的辩证统一。刑法目的中的报应与预防具有对立统一的辩证关系，不可否认，报应与预防具有对立的一面，因为报应要求刑法以已然之罪为根据，而预防要求刑罚以未然之罪为基础，但恰恰在罪刑关系上，报应与预防又展示出其内在的同一性。"②2010年10月1日实施的《人民法院量刑指导意见（试行）》将"实现惩罚和预防犯罪的目的"单独规定为一个量刑指导原则，强调了该两种刑罚目的的重要性。2017年修订的最高人民法院《关于常见犯罪的量刑指导意见》再次重申"量刑既要考虑被告人所犯罪行的轻重，又要考虑被告人应负刑事责任的大小，做到罪责刑相适应，实现惩罚和预防犯罪的目的"。

在笔者看来，报应论与预防论都有一定的合理性，但又都有各自难以克服的局限性。两者实际上并不矛盾，完全能够兼容，只是侧重的角度或视角不同而已。"报应论侧重于从刑罚功能的角度对刑罚的本质与正当性进行论证，而预防论则更为强调以刑罚目的为视角来进行说明，前者着眼已然，而后者则关注未然。两者宛如车之两轮、鸟之双翼，并行不悖，不可或缺。"③

（一）犯罪记录封存制度是刑罚报应论的要求

报应论认为，刑罚的目的在于报应。康德认为，惩罚绝对不能作为促进另一种善的手段而实施，刑罚的目的就是惩罚犯罪人，这种惩罚本身即符合道义。④黑格尔以人的自由意志为根据，认为刑罚包含着犯罪人自己的法，"所以

---

① 刘军：《该当与危险：新型刑罚目的对量刑的影响》，载《中国法学》2014年第2期。
② 陈兴良：《刑法哲学》（修订第三版），中国政法大学出版社2004年版，第374~379页。
③ 彭新林：《论前科消灭制度的正当性根据》，载《北方法学》2008年第5期。
④ ［德］康德：《法的形而上学原理》，沈叔平译，商务印书馆1991年版，第164页。

处罚他,正是尊敬他的理性的存在"①。"社会报应观念是刑罚赖以存在的正当根据,刑罚是为惩罚犯罪人、谴责犯罪而存在,刑罚只能以既已实施犯罪的人为唯一对象,刑罚的轻重取决于已然的犯罪的严重性程度。一言以蔽之。刑罚是对已然的犯罪的回顾。"②因此,即使报应"不是刑罚的全部目的,它至少也应是刑罚的主要目的之一"③。行为人因犯罪而被科处刑罚、承受刑责,这是报应的必然要求。刑罚的分配建立在已然之罪的基础上,与犯罪行为的社会危害性(客观危害与主观恶性)大小相适应,也是与报应论之罪刑相当的要求相吻合的。

但是,当执行刑罚完毕后,行为人如若还要承受各种的不利益,则难以从报应论中获得正当根据。因为这种不利益是犯罪人已经因其犯罪而得到完全的报应之后的一种延续,超出了报应的范围。这实际上成为再度报应的问题。前科永久存续,让行为人在承受刑责后继续受到各种资格与权利的限制或剥夺,从报应的角度看来,是让行为人因同一犯罪而再度受罚,违反了"任何人不因同一犯罪而再度受罚"的法律格言。因为"任何人不因同一犯罪再度受罚的法律格言,反映了一罪一罚的古朴正义观念。与罪刑均衡一样,一罪一罚也是一种朴素的观念。对同一犯罪反复处罚,意味着超出一般人的'一报还一报'的报应观念进行惩罚,因而违背了公平正义观念。不仅如此,对同一犯罪反复处罚,实际上等于任何犯罪没有差异地受到处罚"④。因此,从报应论上看,应当确立前科消灭制度和犯罪记录封存制度。

(二)犯罪记录封存制度是刑罚预防论的要求

预防论认为,刑罚的目的并不在于对犯罪的报应,而在于实现预防犯罪、

---

① [德]黑格尔:《法哲学原理》,范扬、张企泰译,商务印书馆1996年版,第103页。
② 邱兴隆、许章润:《刑罚学》,中国政法大学出版社1999年版,第29页。
③ 周少华:《刑罚目的观之理论清理》,载《东方法学》2012年第1期。
④ 张明楷:《刑法格言的展开》(第二版),法律出版社2003年版,第294页。

保护社会。贝卡利亚认为:"刑罚的目的既不是要摧残折磨一个感知者,也不是要消除业已犯下的罪行……刑罚的目的仅仅在于:阻止罪犯重新侵害公民,并规诫其他人不要重蹈覆辙。"①边沁认为"值得惩罚的时候,惩罚有四种附属的图谋或目的",它们分别是:(1)第一种目的,亦即最广泛最明确的目的,是在可能和值得的范围内防止各种罪过,不论它们是什么。(2)但若一个人必定犯某种类型的罪过,则下一个目的就是诱导他犯一项害处较小而非较大的罪过。(3)如果一个人已立意要犯一项具体的罪过,那么下一个目的便是使他在实现他的意图所必需的罪过之外,倾向于不去犯更多的罪过。(4)最后一个目的,在于不管要加以防止的损害是什么,以尽可能小的代价防止之。②因此,当今刑法理论均将预防犯罪作为刑法的正当目的。

而预防又包括特殊预防和一般预防。特殊预防是指防止犯罪人再犯罪,是通过刑法的保安、威慑与再社会化功能实现的。一般预防又包括消极的一般预防和积极的一般预防。"传统的一般预防论是消极的一般预防论,也称威慑预防论。费尔巴哈的心理强制说代表了这种预防论,即通过对犯罪规定和适用刑罚而向一般人宣告:谁实施犯罪行为谁就受到刑罚处罚;从而威慑一般人,使其不敢犯罪。""积极的一般预防论也称为规范预防论,其内容是,唤醒和强化国民对法的忠诚、对法秩序的存在力与贯彻力的信赖,从而预防犯罪。换言之,通过对犯罪人的适当处罚,以事实证明刑法规范的妥当性,从而使国民的法意识安定化,增强国民的规范意识,实现一般预防。"③尤其是应当强调积极的一般预防论。"法规范具有普遍适用效力,是社会交往的基本前提,能够惠及每一个参与社会生活的人格体。但法规范不会自动执行,因

---

① [意]切萨雷·贝卡利亚:《论犯罪与刑罚》,黄风译,北京大学出版社2008年版,第29页。
② [英]边沁:《道德与立法原理导论》,时殷弘译,商务印书馆2002年版,第224~225页。
③ 张明楷:《刑法学(上册)》(第五版),法律出版社2017年,第512~515页。

为总会有人尝试'搭便车',享受法规范所保障的社会生活的利益,同时又不承担尊重法规范的义务,因此,法规范的有效性只能依赖外部的强力来推行。所以,国家采取措施维持民众对规范有效性的信赖,总体而言是具有正当性的。"①

一般认为,前科保留的理由在于预防有前科者再犯。笔者认为,从预防论的角度考虑,前科在一定期限内存续是合理的和必要的,对于预防犯罪也不无积极的意义。但如果前科无限期地存续,永久无法消灭,效果则会适得其反,将会产生极为严重的负面影响,预防犯罪和防卫社会的目的也终将难以实现。

第一,前科不利于特殊预防。前科永久不能消灭,如影随形,伴随前科而来的是一系列资格与权利的限制或剥夺以及社会的歧视,这无形中会给犯罪人造成压力,使其对前途丧失信心,悲观失望、自暴自弃,有的甚至会重新犯罪。诚如有学者所言:"犯罪记录的无期限存在,会产生严重的负面效应,将给犯罪人带来长期的消极影响,导致犯罪人长期被摒弃于社会正常生活之外,半强迫地成为社会正常秩序的对抗者,甚至可能最终再次犯罪。也就是说,曾经被定罪量刑这一前科事实的无限期存在,切断了犯罪人回归社会的道路,断绝了行为人意图彻底悔过自新和回归正常社会生活的希望,使犯罪人被社会公众假定为永久的'反社会者'。可以说,无期限存在而不能消灭的前科记录对于犯罪人的消极影响,主要还在于排除其回归社会的可能性,从而增进其再次犯罪的可能性,而不是行为人再次犯罪时所带来的定罪量刑等诸多负面影响。"②

---

① 陈金林:《从等价报应到积极的一般预防——黑格尔刑罚理论的新解读及其启示》,载《清华法学》2014年第5期。
② 于志刚:《简论前科消灭的定义及其内涵》,载《云南大学学报(法学版)》2002年第4期。

第二，前科也不利于一般预防。毋庸置疑，前科在一定期限内存续，在防止潜在犯罪人犯罪等方面，有一定的预防功效和积极作用。但从长远看来，前科的永久存续对于一般预防功效的发挥则是不利的。因为前科永久存续将犯罪人（包括那些主观恶性不大、造成的犯罪后果轻微且也完全悔过迁善的犯罪人）永久地隔离于社会正常生活之外，有违一般社会道德理念，也必得不到公众的认同，从而也难以达到一般预防的效果。比如对一个有危险驾驶罪前科的人，在10年之后，继续让其承受各种资格与权利的限制或剥夺，对于一般预防会有多大意义呢？"这不仅不利于一般预防，反而会激起公众对法律的藐视，让其感受到法律的严苛以及对前科者的同情（同情弱者是人类的天性）。"[1]而且，对于许多在前科存续期间内已迁恶从善、积极悔改甚或有立功表现的前科者，如果永远将其拒斥在社会之门外，让其饱受痛苦煎熬，不仅会挫伤这些人更生的积极性和上进心，同时，也会累及前科者的亲属及其关系密切的人，使他们对前科者的遭遇感同身受，产生对社会的不满和忿恨情绪，成为社会不稳定的因素。

因此，从刑罚目的的报应论与预防论上看，也应当确立前科消灭制度和犯罪记录封存制度。

第二节 现实根据

确立前科消灭和犯罪记录封存制度除了上述理论基础外，还具有现实根据——制度性歧视。"歧视"一词，简言之，就是"不平等地看待"[2]。《布莱克维尔政治学百科全书》将其解释为"从最广泛的意义上说，该词是对一种差

---

[1] 参见彭新林：《论前科消灭制度的正当性根据》，载《北方法学》2008年第5期。
[2] 《现代汉语词典》（第七版），商务印书馆2016年版，第1025页。

异、一种区别或不同待遇的感受。从这个道德上的中性含义来说，在某种特定的环境中，亚里士多德的正义原则也要求歧视的存在。这种原则告诉我们用相同的方式对待相同的情况，用不同的方式对待不同的情况"①。美国《布莱克法律词典》则将"歧视"解释为三层含义："（1）在宪法层面，它是指由成文法或惯例赋予特定阶层某些特权造成的结果，而这个特定阶层是武断地从本应同样享有这种权利的一般人中挑选出来的；而那些被授予了特权和没有被授予特权的人之间根本没有合理的差异。（2）基于种族、年龄、性别、国籍或宗教给人不平等待遇或剥夺其正常权利。（3）没有平等对待所有的人，而在那些享受了优惠和没有享受优惠的人之间没有合理的区分标准。"② 在我国，不论从法律法规规定上看，还是在现实生活中，都存在不同程度的"前科歧视"。

我国的前科歧视大致包括两大类：一是法定的前科歧视；二是非法定的前科歧视。前者是指法律明文规定对有前科者有不同的对待；后者是社会上对前科者的不同对待。

一、法定的前科歧视

法定的前科歧视主要体现在就业歧视以及高等学校、军队公安司法院校入学歧视上。平等就业权是公民的基本权利之一，是公民宪法上的平等权在劳动领域的延伸和具体化。我国2018年《宪法》第33条规定"中华人民共和国公民在法律面前一律平等"，它为平等就业权奠定了原则和精神基础。同时，第42条规定"中华人民共和国公民有劳动的权利和义务"，而就业权是

---

① ［英］戴维·米勒、韦农·波格丹诺编：《布莱克维尔政治学百科全书》，中国问题研究所等组织翻译，中国政法大学出版社2002年版，第205页。

② Henry Campbell Black, Black's Iaw Dictionary, 5 ed. p. 467.

劳动权的核心权利。鉴于此，保护公民获得平等的就业权是我国宪法的原则和规范要求。除了宪法的原则性规定以外，《劳动法》及相关法律更是明确保障公民平等就业权。2018年《劳动法》第12条规定"劳动者就业，不因民族、种族、性别、宗教信仰不同而受歧视"，第13条强调了妇女享有同男子同等的就业权利。2015年《就业促进法》明确禁止就业歧视，该法第3条规定："劳动者依法享有平等就业和自主择业的权利。劳动者就业，不因民族、种族、性别、宗教信仰等不同而受歧视。"2012年《监狱法》第38条明确规定："刑满释放人员依法享有与其他公民平等的权利。"由此可以看出，虽然我国没有专门的反就业歧视的法律，但是我国宪法和法律均赋予刑满释放人员与其他公民平等就业权。

但是与此同时，对于有前科者，不少立法又给予区别对待。据笔者的整理，我国立法限制或者禁止有前科公民就业资格的方式大致可以分为以下四大类：

（一）针对所有犯罪

有的法律法规部门规章规定，只要是因犯罪受过刑事处罚的，都要剥夺某些特定职业的从业资格。根据剥夺就业资格有无期限限制，又可以进一步分为终身剥夺和定期剥夺。

1. 终身剥夺。终身剥夺是指永远剥夺有前科公民从事某种职业的资格。

法律/法规/部门规章/司法解释	条款	限制内容
2019年《法官法》	第13条①	因犯罪受过刑事处罚的，不得担任法官

---

① 2019年《法官法》第13条规定："下列人员不得担任法官：（一）因犯罪受过刑事处罚的；（二）被开除公职的；（三）被吊销律师、公证员执业证书或者被仲裁委员会除名的；（四）有法律规定的其他情形的。"

续表

法律/法规/部门规章/司法解释	条款	限制内容
2019年《检察官法》	第13条[①]	因犯罪受过刑事处罚的,不得担任检察官
2018年《公务员法》	第26条[②]	因犯罪受过刑事处罚的,不得录用为公务员
2018年《人民陪审员法》	第7条[③]	受过刑事处罚的,不得担任人民陪审员
2017年最高人民法院《知识产权法院技术调查官选任工作指导意见（试行）》	第6条[④]	曾因犯罪受过刑事处罚的,不得担任技术调查官
2016年最高人民检察院、司法部《人民监督员选任管理办法》	第8条[⑤]	因犯罪受过刑事处罚的或者被开除公职的人员,不得担任人民监督员

[①] 2019年《检察官法》第13条规定:"下列人员不得担任检察官:（一）因犯罪受过刑事处罚的;（二）被开除公职的;（三）被吊销律师、公证员执业证书或者被仲裁委员会除名的;（四）有法律规定的其他情形的。"

[②] 2018年《公务员法》第26条规定:"下列人员不得录用为公务员:（一）因犯罪受过刑事处罚的;（二）被开除中国共产党党籍的;（三）被开除公职的;（四）被依法列为失信联合惩戒对象的;（五）有法律规定不得录用为公务员的其他情形的。"

[③] 2018年《人民陪审员法》第7条规定:"有下列情形之一的,不得担任人民陪审员:（一）受过刑事处罚的;（二）被开除公职的;（三）被吊销律师、公证员执业证书的;（四）被纳入失信被执行人名单的;（五）因受惩戒被免除人民陪审员职务的;（六）其他有严重违法违纪行为,可能影响司法公信的。"

[④] 2017年最高人民法院《知识产权法院技术调查官选任工作指导意见（试行）》第6条规定:"具有以下情形之一的,不得担任技术调查官:（一）曾因犯罪受过刑事处罚的;（二）曾被开除公职的或者因违纪违法被解除聘用合同和聘任合同的;（三）涉嫌违法违纪正在接受审查尚未作出结论的;（四）受处分期间或者未满影响期限的;（五）其他不适宜担任技术调查官的情形。"

[⑤] 2016年最高人民检察院、司法部《人民监督员选任管理办法》第8条规定:"拥护中华人民共和国宪法、品行良好、公道正派、身体健康的年满23周岁的中国公民,可以担任人民监督员。人民监督员应当具有高中以上文化学历。因犯罪受过刑事处罚的或者被开除公职的人员,不得担任人民监督员。"

续表

法律/法规/部门规章/司法解释	条款	限制内容
2014年《人民警察法》	第26条①	曾因犯罪受过刑事处罚的，不得担任人民警察
2014年《民用爆炸物品安全管理条例》	第6条②	无民事行为能力人、限制民事行为能力人或者曾因犯罪受过刑事处罚的人，不得从事民用爆炸物品的生产、销售、购买、运输和爆破作业
2009年新闻出版总署《新闻记者证管理办法》	第10条③	受过刑事处罚的人员，不发新闻记者证
2009年国务院《保安服务管理条例》	第8条④	受过刑事处罚的人员，不得担任保安服务公司法定代表人和主要管理人员

---

① 2014年《人民警察法》第26条第2款规定："有下列情形之一的，不得担任人民警察：（一）曾因犯罪受过刑事处罚的；（二）曾被开除公职的。"

② 2014年国务院《民用爆炸物品安全管理条例》第6条规定："无民事行为能力人、限制民事行为能力人或者曾因犯罪受过刑事处罚的人，不得从事民用爆炸物品的生产、销售、购买、运输和爆破作业。民用爆炸物品从业单位应当加强对本单位从业人员的安全教育、法制教育和岗位技术培训，从业人员经考核合格的，方可上岗作业；对有资格要求的岗位，应当配备具有相应资格的人员。"

③ 2009年新闻出版总署《新闻记者证管理办法》第10条规定："下列人员不发新闻记者证：（一）新闻机构中党务、行政、后勤、经营、广告、工程技术等非采编岗位的工作人员；（二）新闻机构以外的工作人员，包括为新闻单位提供稿件或者节目的通讯员、特约撰稿人，专职或兼职为新闻机构提供新闻信息的其他人员；（三）教学辅导类报纸、高等学校校报工作人员以及没有新闻采访业务的期刊编辑人员；（四）有不良从业记录的人员、被新闻出版行政部门吊销新闻记者证并在处罚期限内的人员或者受过刑事处罚的人员。"

④ 2009年国务院《保安服务管理条例》第8条规定："保安服务公司应当具备下列条件：（一）有不低于人民币100万元的注册资本；（二）拟任的保安服务公司法定代表人和主要管理人员应当具备任职所需的专业知识和有关业务工作经验，无被刑事处罚、劳动教养、收容教育、强制隔离戒毒或者被开除公职、开除军籍等不良记录；（三）有与所提供的保安服务相适应的专业技术人员，其中法律、行政法规有资格要求的专业技术人员，应当取得相应的资格；（四）有住所和提供保安服务所需的设施、装备；（五）有健全的组织机构和保安服务管理制度、岗位责任制度、保安员管理制度。"

续表

法律/法规/部门规章/司法解释	条款	限制内容
2009年《驻外外交人员法》	第7条①	曾因犯罪受过刑事处罚的，不得任用为驻外外交人员
2002年国务院《专职守护押运人员枪支使用管理条例》	第3条②	有刑事处罚记录的，不得担任配备公务用枪的专职守护、押运人员
2001年人事部、新闻出版总署《出版专业技术人员职业资格考试暂行规定》	第13条③	有刑事犯罪记录的，不得申请参加出版专业资格考试

2. 定期剥夺。定期剥夺是指在规定的期限内限制或剥夺有前科公民的就业权利或资格。

---

① 2009年《驻外外交人员法》第7条规定："有下列情形之一的，不得任用为驻外外交人员：（一）曾因犯罪受过刑事处罚的；（二）曾被开除公职的；（三）曾被国家机关辞退的；（四）持有外国长期或者永久居留许可的；（五）配偶具有外国国籍、持有外国长期或者永久居留许可的；（六）不得任用为驻外外交人员的其他情形。"

② 2002年国务院《专职守护押运人员枪支使用管理条例》第3条第1款规定："配备公务用枪的专职守护、押运人员必须符合下列条件：（一）年满20周岁的中国公民，身心健康，品行良好；（二）没有精神病等不能控制自己行为能力的疾病病史；（三）没有行政拘留、收容教育、强制戒毒、收容教养、劳动教养和刑事处罚记录；（四）经过专业培训，熟悉有关枪支使用、管理法律法规和规章的规定；（五）熟练掌握枪支使用、保养技能。"

③ 2001年人事部、新闻出版总署《出版专业技术人员职业资格考试暂行规定》第13条规定："有下列情形之一者，不得申请参加出版专业资格考试：（一）不具有完全民事行为能力。（二）违犯出版法规受到严厉惩处。（三）有刑事犯罪记录。"

续表

法律/法规/部门规章/司法解释	条款	限制内容
2019年国务院《注册建筑师条例》	第13条①	因受刑事处罚，自刑罚执行完毕之日起至申请注册之日止不满5年的，不予注册
2015年《证券投资基金法》	第79条②	基金管理人最近2年内因违法违规行为受到行政处罚或者刑事处罚，封闭式基金不得扩募或者延长基金合同期限
2014年《注册会计师法》	第10条③	因受刑事处罚，自刑罚执行完毕之日起至申请注册之日止不满5年的，不予注册

---

① 2019年国务院《注册建筑师条例》第13条规定："有下列情形之一的，不予注册：（一）不具有完全民事行为能力的；（二）因受刑事处罚，自刑罚执行完毕之日起至申请注册之日止不满5年的；（三）因在建筑设计或者相关业务中犯有错误受行政处罚或者撤职以上行政处分，自处罚、处分决定之日起至申请注册之日止不满2年的；（四）受吊销注册建筑师证书的行政处罚，自处罚决定之日起至申请注册之日止不满5年的；（五）有国务院规定不予注册的其他情形的。"

② 2015年《证券投资基金法》第79条规定："封闭式基金扩募或者延长基金合同期限，应当符合下列条件，并报国务院证券监督管理机构备案：（一）基金运营业绩良好；（二）基金管理人最近二年内没有因违法违规行为受到行政处罚或者刑事处罚；（三）基金份额持有人大会决议通过；（四）本法规定的其他条件。"

③ 2014年《注册会计师法》第10条规定："有下列情形之一的，受理申请的注册会计师协会不予注册：（一）不具有完全民事行为能力的；（二）因受刑事处罚，自刑罚执行完毕之日起至申请注册之日止不满五年的；（三）因在财务、会计、审计、企业管理或者其他经济管理工作中犯有严重错误受行政处罚、撤职以上处分，自处罚、处分决定之日起至申请注册之日止不满二年的；（四）受吊销注册会计师证书的处罚，自处罚决定之日起至申请注册之日止不满五年的；（五）国务院财政部门规定的其他不予注册的情形的。"

续表

法律/法规/部门规章/司法解释	条款	限制内容
2013年国务院《关于管理公开募集基金的基金管理公司有关问题的批复》	第2条①	最近3年因违法违规行为受到行政处罚或者刑事处罚的不得作为基金管理公司持有5%以上股权的非主要股东
2013年中国保险监督管理委员会《保险销售从业人员监管办法》	第7条②	因犯罪被判处刑罚，刑罚执行完毕未逾5年的，不得报名参加保险销售从业人员资格考试，不得授予《保险销售从业人员资格证书》
2009年《执业医师法》	第15条③	因受刑事处罚，自刑罚执行完毕之日起至申请注册之日止不满2年的，不予注册

① 2013年国务院《关于管理公开募集基金的基金管理公司有关问题的批复》第2条规定："根据《中华人民共和国证券投资基金法》第十三条规定，国务院同意你会（注：中国证券监督管理委员会）对基金管理公司持有5%以上股权的非主要股东的条件作如下规定：（一）非主要股东为法人或者其他组织的，净资产不低于5000万元人民币，资产质量良好，内部监控制度完善；（二）非主要股东为自然人的，个人金融资产不低于1000万元人民币，在境内外资产管理行业从业5年以上；（三）最近3年没有因违法违规行为受到行政处罚或者刑事处罚；（四）没有挪用客户资产等损害客户利益的行为；（五）没有因违法违规行为正在被监管机构调查，或者正处于整改期间；（六）具有良好的社会信誉，最近3年在税务、工商等行政机关以及金融监管、自律管理、商业银行等机构无不良记录。"

② 2013年中国保险监督管理委员会《保险销售从业人员监管办法》第7条规定："报名参加资格考试的人员，应当具备大专以上学历和完全民事行为能力。有下列情形之一的，不予受理报名申请：（一）隐瞒有关情况或者提供虚假材料的；（二）隐瞒有关情况或者提供虚假材料，被宣布考试成绩无效未逾1年的；（三）违反考试纪律情节严重，被宣布考试成绩无效未逾3年的；（四）以欺骗、贿赂等不正当手段取得资格证书，被依法撤销资格证书未逾3年的；（五）被金融监管机构宣布禁止在一定期限内进入行业，禁入期限未届满的；（六）因犯罪被判处刑罚，刑罚执行完毕未逾5年的；（七）法律、行政法规和中国保监会规定的其他情形。"

③ 2009年《执业医师法》第15条第1款规定："有下列情形之一的，不予注册：（一）不具有完全民事行为能力的；（二）因受刑事处罚，自刑罚执行完毕之日起至申请注册之日止不满二年的；（三）受吊销医师执业证书行政处罚，自处罚决定之日起至申请注册之日止不满二年的；（四）有国务院卫生行政部门规定不宜从事医疗、预防、保健业务的其他情形的。"

续表

法律 / 法规 / 部门规章 / 司法解释	条款	限制内容
2003年国务院《乡村医生从业管理条例》	第14条①	受刑事处罚，自刑罚执行完毕之日起至申请注册之日止不满2年的，不予注册
2002年中国证券监督管理委员会《证券业从业人员资格管理办法》	第10条②	最近3年受过刑事处罚，不得申请执业证书

（二）针对故意犯罪

此类从业资格限制或者剥夺只针对故意犯罪，换言之，过失犯罪排除在外。此种分类中没有定期剥夺，只有终身剥夺，即只要是故意犯罪，终身不得从事特定职业。

法律 / 法规 / 部门规章 / 司法解释	条款	限制内容
2018年司法部《国家统一法律职业资格考试实施办法》	第10条③	因故意犯罪受过刑事处罚的，不得报名参加国家统一法律职业资格考试

---

① 2003年国务院《乡村医生从业管理条例》第14条规定："乡村医生有下列情形之一的，不予注册：（一）不具有完全民事行为能力的；（二）受刑事处罚，自刑罚执行完毕之日起至申请执业注册之日止不满2年的；（三）受吊销乡村医生执业证书行政处罚，自处罚决定之日起至申请执业注册之日止不满2年的。"

② 2002年中国证券监督管理委员会《证券业从业人员资格管理办法》第10条第1款规定："取得从业资格的人员，符合下列条件的，可以通过机构申请执业证书：（一）已被机构聘用；（二）最近三年未受过刑事处罚；（三）不存在《中华人民共和国证券法》第一百二十六条规定的情形；（四）未被中国证监会认定为证券市场禁入者，或者已过禁入期的；（五）品行端正，具有良好的职业道德；（六）法律、行政法规和中国证监会规定的其他条件。"

③ 2018年司法部《国家统一法律职业资格考试实施办法》第10条规定："有下列情形之一的人员，不得报名参加国家统一法律职业资格考试：（一）因故意犯罪受过刑事处罚的……"

续表

法律/法规/部门规章/司法解释	条款	限制内容
2017年《律师法》	第7条①	受过刑事处罚的,但过失犯罪的除外,不予颁发律师执业证书
2017年国务院《导游人员管理条例》	第5条②	受过刑事处罚的,过失犯罪的除外,不得颁发导游证
2017年国务院《直销管理条例》	第19条③	因故意犯罪受刑事处罚的,不得担任对直销员进行业务培训的授课人员
2015年《拍卖法》	第15条④	因故意犯罪受过刑事处罚的,不得担任拍卖师
2009年《教师法》	第14条⑤	故意犯罪受到有期徒刑以上刑事处罚的,不能取得教师资格

① 2017年《律师法》第7条规定:"申请人有下列情形之一的,不予颁发律师执业证书:(一)无民事行为能力或者限制民事行为能力的;(二)受过刑事处罚的,但过失犯罪的除外;(三)被开除公职或者被吊销律师、公证员执业证书的。"

② 2017年国务院《导游人员管理条例》第5条规定:"有下列情形之一的,不得颁发导游证:(一)无民事行为能力或者限制民事行为能力的;(二)患有传染性疾病的;(三)受过刑事处罚的,过失犯罪的除外;(四)被吊销导游证的。"

③ 2017年国务院《直销管理条例》第19条第1款规定:"对直销员进行业务培训的授课人员应当是直销企业的正式员工,并符合下列条件:(一)在本企业工作1年以上;(二)具有高等教育本科以上学历和相关的法律、市场营销专业知识;(三)无因故意犯罪受刑事处罚的记录;(四)无重大违法经营记录。"

④ 2015年《拍卖法》第15条规定:"拍卖师应当具备下列条件:(一)具有高等院校专科以上学历和拍卖专业知识;(二)在拍卖企业工作两年以上;(三)品行良好。被开除公职或者吊销拍卖师资格证书未满五年的,或者因故意犯罪受过刑事处罚的,不得担任拍卖师。"

⑤ 2009年《教师法》第14条规定:"受到剥夺政治权利或者故意犯罪受到有期徒刑以上刑事处罚的,不能取得教师资格;已经取得教师资格的,丧失教师资格。"

续表

法律/法规/部门规章/司法解释	条款	限制内容
2009年国务院《保安服务管理条例》	第17条①	曾因故意犯罪被刑事处罚的,不得担任保安员
2006年《企业破产法》	第24条②	因故意犯罪受过刑事处罚,不得担任管理人
2005年商务部、公安部《典当管理办法》	第16条③	因故意犯罪的,不得申请典当行《特种行业许可证》

(三)针对特定犯罪

有的法律法规部门规定如有特定犯罪前科的,不得从事与该特定犯罪相关的职业。

---

① 2009年国务院《保安服务管理条例》第17条规定:"有下列情形之一的,不得担任保安员:(一)曾被收容教育、强制隔离戒毒、劳动教养或者3次以上行政拘留的;(二)曾因故意犯罪被刑事处罚的;(三)被吊销保安员证未满3年的;(四)曾两次被吊销保安员证的。"

② 2006年《企业破产法》第24条规定:"管理人可以由有关部门、机构的人员组成的清算组或者依法设立的律师事务所、会计师事务所、破产清算事务所等社会中介机构担任。人民法院根据债务人的实际情况,可以在征询有关社会中介机构的意见后,指定该机构具备相关专业知识并取得执业资格的人员担任管理人。有下列情形之一的,不得担任管理人:(一)因故意犯罪受过刑事处罚;(二)曾被吊销相关专业执业证书;(三)与本案有利害关系;(四)人民法院认为不宜担任管理人的其他情形。个人担任管理人的,应当参加执业责任保险。"

③ 2005年商务部、公安部《典当管理办法》第16条规定:"申请人领取《典当经营许可证》后,应当在10日内向所在地县级人民政府公安机关申请典当行《特种行业许可证》,并提供下列材料:(一)申请报告;(二)《典当经营许可证》及复印件;(三)法定代表人、个人股东和其他高级管理人员的简历及有效身份证件复印件;(四)法定代表人、个人股东和其他高级管理人员的户口所在地县级人民政府公安机关出具的无故意犯罪记录证明;(五)典当经营场所及保管库房平面图、建筑结构图;(六)录像设备、防护设施、保险箱(柜、库)及消防设施安装、设置位置分布图;(七)各项治安保卫、消防安全管理制度;(八)治安保卫组织或者治安保卫人员基本情况。"

1. 终身剥夺

法律/法规/部门规章/司法解释	条款	限制内容
2017年《会计法》	第40条[1]	因有提供虚假财务会计报告,做假账,隐匿或者故意销毁会计凭证、会计账簿、财务会计报告,贪污,挪用公款,职务侵占等与会计职务有关的违法行为被依法追究刑事责任的人员,不得再从事会计工作
2017年《公证法》	第20条[2]	因故意犯罪或者职务过失犯罪受过刑事处罚的,不得担任公证员
2017年中国证券监督管理委员会《证券交易所管理办法》	第34条[3]	犯有贪污、贿赂、侵占财产、挪用财产罪或者破坏社会经济秩序罪,不得招聘为证券交易所从业人员,不得担任证券交易所理事、监事、高级管理人员

---

[1] 2017年《会计法》第40条规定:"因有提供虚假财务会计报告,做假账,隐匿或者故意销毁会计凭证、会计账簿、财务会计报告,贪污,挪用公款,职务侵占等与会计职务有关的违法行为被依法追究刑事责任的人员,不得再从事会计工作。"

[2] 2017年《公证法》第20条规定:"有下列情形之一的,不得担任公证员:(一)无民事行为能力或者限制民事行为能力的;(二)因故意犯罪或者职务过失犯罪受过刑事处罚的;(三)被开除公职的;(四)被吊销公证员、律师执业证书的。"

[3] 2017年中国证券监督管理委员会《证券交易所管理办法》第34条第2款:"有下列情形之一的,不得招聘为证券交易所从业人员,不得担任证券交易所理事、监事、高级管理人员:(一)犯有贪污、贿赂、侵占财产、挪用财产罪或者破坏社会经济秩序罪,或者因犯罪被剥夺政治权利;(二)因违法、违纪行为被解除职务的证券交易所、证券登记结算机构等证券期货业工作人员和被开除的国家机关工作人员;(三)因违法、违纪行为被解除职务的证券经营机构或者其他金融机构的从业人员,自被解除职务之日起未逾五年;(四)因违法、违纪行为被撤消资格的律师、注册会计师或者投资咨询机构、财务顾问机构、资信评级机构、资产评估机构、验资机构的专业人员,自被撤消资格之日起未逾五年;(五)担任因违法行为被吊销营业执照的公司、企业的法定代表人并对该公司、企业被吊销营业执照负有个人责任的,自被吊销营业执照之日起未逾五年;(六)担任因经营管理不善而破产的公司、企业的董事、厂长或者经理并对该公司、企业的破产负有个人责任的,自破产之日起未逾五年;(七)法律、行政法规、部门规章规定的其他情形。"

续表

法律/法规/部门规章/司法解释	条款	限制内容
2016年交通运输部《出租汽车驾驶员从业资格管理规定》	第10条①	有交通肇事犯罪、危险驾驶犯罪记录、暴力犯罪记录的，不得申请参加出租汽车驾驶员从业资格考试
2016年交通运输部等《网络预约出租汽车经营服务管理暂行办法》	第14条②	有交通肇事犯罪、危险驾驶犯罪记录、暴力犯罪记录的，不得作为从事网约车服务的驾驶员
2016年国务院《娱乐场所管理条例》	第5条③	曾犯有组织、强迫、引诱、容留、介绍卖淫罪，制作、贩卖、传播淫秽物品罪，走私、贩卖、运输、制造毒品罪，强奸罪，强制猥亵、侮辱妇女罪，赌博罪，洗钱罪，组织、领导、参加黑社会性质组织罪的，不得开办娱乐场所或者在娱乐场所内从业

---

① 2016年交通运输部《出租汽车驾驶员从业资格管理规定》第10条："申请参加出租汽车驾驶员从业资格考试的，应当符合下列条件：（一）取得相应准驾车型机动车驾驶证并具有3年以上驾驶经历；（二）无交通肇事犯罪、危险驾驶犯罪记录，无吸毒记录，无饮酒后驾驶记录，最近连续3个记分周期内没有记满12分记录；（三）无暴力犯罪记录；（四）城市人民政府规定的其他条件。"

② 2016年交通运输部、工业和信息化部、公安部、商务部、国家工商行政管理总局、国家质量监督检验检疫总局、国家互联网信息办公室《网络预约出租汽车经营服务管理暂行办法》第14条规定："从事网约车服务的驾驶员，应当符合以下条件：（一）取得相应准驾车型机动车驾驶证并具有3年以上驾驶经历；（二）无交通肇事犯罪、危险驾驶犯罪记录，无吸毒记录，无饮酒后驾驶记录，最近连续3个记分周期内没有记满12分记录；（三）无暴力犯罪记录；（四）城市人民政府规定的其他条件。"

③ 2016年国务院《娱乐场所管理条例》第5条："有下列情形之一的人员，不得开办娱乐场所或者在娱乐场所内从业：（一）曾犯有组织、强迫、引诱、容留、介绍卖淫罪，制作、贩卖、传播淫秽物品罪，走私、贩卖、运输、制造毒品罪，强奸罪，强制猥亵、侮辱妇女罪，赌博罪，洗钱罪，组织、领导、参加黑社会性质组织罪的……"

续表

法律/法规/部门规章/司法解释	条款	限制内容
2016年《网络安全法》	第27条、第63条①	因从事危害网络安全的活动或者提供专门用于危害网络安全活动的程序、工具或者明知他人从事危害网络安全的活动而为其提供帮助并受到刑事处罚的人员，终身不得从事网络安全管理和网络运营关键岗位的工作
2015年《商业银行法》	第27条②	因犯有贪污、贿赂、侵占财产、挪用财产罪或者破坏社会经济秩序罪，被判处刑罚，不得担任商业银行的董事、高级管理人员
2015年全国人民代表大会常务委员会《关于司法鉴定管理问题的决定》	第4条③	因故意犯罪或者职务过失犯罪受过刑事处罚的，受过开除公职处分的，以及被撤销鉴定人登记的人员，不得从事司法鉴定业务

---

① 2016年《网络安全法》第27条规定："任何个人和组织不得从事非法侵入他人网络、干扰他人网络正常功能、窃取网络数据等危害网络安全的活动；不得提供专门用于从事侵入网络、干扰网络正常功能及防护措施、窃取网络数据等危害网络安全活动的程序、工具；明知他人从事危害网络安全的活动的，不得为其提供技术支持、广告推广、支付结算等帮助。"第63条第3款规定："违反本法第二十七条规定，受到治安管理处罚的人员，五年内不得从事网络安全管理和网络运营关键岗位的工作；受到刑事处罚的人员，终身不得从事网络安全管理和网络运营关键岗位的工作。"

② 2015年《商业银行法》第27条规定："有下列情形之一的，不得担任商业银行的董事、高级管理人员：（一）因犯有贪污、贿赂、侵占财产、挪用财产罪或者破坏社会经济秩序罪，被判处刑罚，或者因犯罪被剥夺政治权利的……"

③ 2015年全国人民代表大会常务委员会《关于司法鉴定管理问题的决定》第4条规定："具备下列条件之一的人员，可以申请登记从事司法鉴定业务：（一）具有与所申请从事的司法鉴定业务相关的高级专业技术职称；（二）具有与所申请从事的司法鉴定业务相关的专业执业资格或者高等院校相关专业本科以上学历，从事相关工作五年以上；（三）具有与所申请从事的司法鉴定业务相关工作十年以上经历，具有较强的专业技能。因故意犯罪或者职务过失犯罪受过刑事处罚的，受过开除公职处分的，以及被撤销鉴定人登记的人员，不得从事司法鉴定业务。"

续表

法律/法规/部门规章/司法解释	条款	限制内容
2015年《食品安全法》	第138条①	因食品安全违法行为受到刑事处罚或者因出具虚假检验报告导致发生重大食品安全事故受到开除处分的食品检验机构人员，终身不得从事食品检验工作
2014年《安全生产法》	第91条②	对重大、特别重大生产安全事故负有责任的，终身不得担任本行业生产经营单位的主要负责人
2007年国务院《国家自然科学基金条例》	第39条	有下列行为之一，构成犯罪的，依法追究刑事责任：(一)侵吞、挪用基金资助经费的；(二)基金管理机构工作人员、评审专家履行本条例规定的职责，索取或者非法收受他人财物或者谋取其他不正当利益的；(三)申请人或者项目负责人、参与者伪造、变造国家机关公文、证件或者

---

① 2015年《食品安全法》第138条第2款："违反本法规定，受到开除处分的食品检验机构人员，自处分决定作出之日起十年内不得从事食品检验工作；因食品安全违法行为受到刑事处罚或者出具虚假检验报告导致发生重大食品安全事故受到开除处分的食品检验机构人员，终身不得从事食品检验工作。食品检验机构聘用不得从事食品检验工作的人员的，由授予其资质的主管部门或者机构撤销该食品检验机构的检验资质。"

② 2014年《安全生产法》第91条规定："生产经营单位的主要负责人未履行本法规定的安全生产管理职责的，责令限期改正；逾期未改正的，处二万元以上五万元以下的罚款，责令生产经营单位停产停业整顿。生产经营单位的主要负责人有前款违法行为，导致发生生产安全事故的，给予撤职处分；构成犯罪的，依照刑法有关规定追究刑事责任。生产经营单位的主要负责人依照前款规定受刑事处罚或者撤职处分的，自刑罚执行完毕或者受处分之日起，五年内不得担任任何生产经营单位的主要负责人；对重大、特别重大生产安全事故负有责任的，终身不得担任本行业生产经营单位的主要负责人。"

续表

法律/法规/部门规章/司法解释	条款	限制内容
2007年国务院《国家自然科学基金条例》	第39条	伪造、变造印章的;(四)申请人或者项目负责人、参与者、依托单位及其负责基金资助项目管理工作的人员为谋取不正当利益,给基金管理机构工作人员、评审专家以财物的;(五)泄露国家秘密的。申请人或者项目负责人、参与者因前款规定的行为受到刑事处罚的,终身不得申请或者参与申请国家自然科学基金资助

2. 定期剥夺

法律/法规/部门规章/司法解释	条款	限制内容
2018年《公司法》	第146条[①]	因贪污、贿赂、侵占财产、挪用财产或者破坏社会主义市场经济秩序,被判处刑罚,执行期满未逾五年的,不得担任公司的董事、监事、高级管理人员
2017年国务院《旅行社条例》	第64条[②]	因妨害国(边)境管理受到刑事处罚的,在刑罚执行完毕之日起五年内不得从事旅行社业务经营活动

[①] 2018年《公司法》第146条规定:"有下列情形之一的,不得担任公司的董事、监事、高级管理人员……(二)因贪污、贿赂、侵占财产、挪用财产或者破坏社会主义市场经济秩序,被判处刑罚,执行期满未逾五年,或者因犯罪被剥夺政治权利,执行期满未逾五年……"

[②] 2017年国务院《旅行社条例》第64条规定:"因妨害国(边)境管理受到刑事处罚的,在刑罚执行完毕之日起五年内不得从事旅行社业务经营活动;旅行社被吊销旅行社业务经营许可的,其主要负责人在旅行社业务经营许可被吊销之日起五年内不得担任任何旅行社的主要负责人。"

续表

法律/法规/部门规章/司法解释	条款	限制内容
2016年《对外贸易法》	第61、62、63、34条①	（1）因进出口属于禁止进出口的货物的，或者未经许可擅自进出口属于限制进出口的货物，进出口属于禁止进出口的技术的，或者未经许可擅自进出口属于限制进出口的技术而构成犯罪的，自刑事处罚判决生效之日起，国务院对外贸易主管部门或者国务院其他有关部门可以在3年内不受理违法行为人提出的进出口配额或许可证的申请，或者禁止违法行为人在1年以上3年以下的期限内从事有关货物或者技术的进出口经营活动；

① 2016年《对外贸易法》第61条规定："进出口属于禁止进出口的货物的，或者未经许可擅自进出口属于限制进出口的货物的，由海关依照有关法律、行政法规的规定处理、处罚；构成犯罪的，依法追究刑事责任。进出口属于禁止进出口的技术的，或者未经许可擅自进出口属于限制进出口的技术的，依照有关法律、行政法规的规定处理、处罚；法律、行政法规没有规定的，由国务院对外贸易主管部门责令改正，没收违法所得，并处违法所得一倍以上五倍以下罚款，没有违法所得或者违法所得不足一万元的，处一万元以上五万元以下罚款；构成犯罪的，依法追究刑事责任。自前两款规定的行政处罚决定生效之日或者刑事处罚判决生效之日起，国务院对外贸易主管部门或者国务院其他有关部门可以在三年内不受理违法行为人提出的进出口配额或许可证的申请，或者禁止违法行为人在一年以上三年以下的期限内从事有关货物或者技术的进出口经营活动。"第62条规定："从事属于禁止的国际服务贸易的，或者未经许可擅自从事属于限制的国际服务贸易的，依照有关法律、行政法规的规定处罚；法律、行政法规没有规定的，由国务院对外贸易主管部门责令改正，没收违法所得，并处违法所得一倍以上五倍以下罚款，没有违法所得或者违法所得不足 万元的，处一万元以上五万元以下罚款；构成犯罪的，依法追究刑事责任。国务院对外贸易主管部门可以禁止违法行为人自前款规定的行政处罚决定生效之日或者刑事处罚判决生效之日起一年以上三年以下的期限内从事有关的国际服务贸易经营活动。"第63条规定："违反本法第三十四条规定，依照有关法律、行政法规的规定处罚；构成犯罪的，依法追究刑事责任。国务院对外贸易主管部门可以禁止违法行为人自前款规定的行政处罚决定生效之日或者刑事处罚判决生效之日起一年以上三年以下的期限内从事有关的对外贸易经营活动。"第34条规定："在对外贸易活动中，不得有下列行为：（一）伪造、变造进出口货物原产地标记，伪造、变造或者买卖进出口货物原产地证书、进出口许可证、进出口配额证明或者其他进出口证明文件；（二）骗取出口退税；（三）走私；（四）逃避法律、行政法规规定的认证、检验、检疫；（五）违反法律、行政法规规定的其他行为。"

续表

法律/法规/部门规章/司法解释	条款	限制内容
2016年《对外贸易法》	第61、62、63、34条	（2）因从事属于禁止的国际服务贸易的，或者未经许可擅自从事属于限制的国际服务贸易的而构成犯罪的，国务院对外贸易主管部门可以禁止违法行为人自刑事处罚判决生效之日起1年以上3年以下的期限内从事有关的国际服务贸易经营活动； （3）因伪造、变造进出口货物原产地标记，伪造、变造或者买卖进出口货物原产地证书、进出口许可证、进出口配额证明或者其他进出口证明文件，或者骗取出口退税，或者走私，或者逃避法律、行政法规规定的认证、检验、检疫，或者违反法律、行政法规规定的其他行为构成犯罪的，国务院对外贸易主管部门可以禁止违法行为人自刑事处罚判决生效之日起1年以上3年以下的期限内从事有关的对外贸易经营活动
2016年《资产评估法》	第11条①	因故意犯罪或者在从事评估、财务、会计、审计活动中因过失犯罪而受刑事处罚，自刑罚执行完毕之日起不满5年的人员，不得从事评估业务

---

① 2016年《资产评估法》第11条规定："因故意犯罪或者在从事评估、财务、会计、审计活动中因过失犯罪而受刑事处罚，自刑罚执行完毕之日起不满五年的人员，不得从事评估业务。"

续表

法律/法规/部门规章/司法解释	条款	限制内容
2014年《安全生产法》	第91条	生产经营单位的主要负责人依照2014年《安全生产法》第91条第1款规定受刑事处罚或者撤职处分的,自刑罚执行完毕或者受处分之日起,5年内不得担任任何生产经营单位的主要负责人
2011年国务院《电力安全事故应急处置和调查处理条例》	第31条[①]	电力企业主要负责人依照《电力安全事故应急处置和调查处理条例》第27条、第28条、第30条规定受到撤职处分或者刑事处罚的,自受处分之日或者刑罚执行完毕之日起5年内,不得担任任何生产经营单位主要负责人

---

① 2011年国务院《电力安全事故应急处置和调查处理条例》第31条规定:"电力企业主要负责人依照本条例第二十七条、第二十八条、第三十条规定受到撤职处分或者刑事处罚的,自受处分之日或者刑罚执行完毕之日起5年内,不得担任任何生产经营单位主要负责人。"第27条规定:"发生事故的电力企业主要负责人有下列行为之一的,由电力监管机构处其上一年年收入40%至80%的罚款;属于国家工作人员的,并依法给予处分;构成犯罪的,依法追究刑事责任:(一)不立即组织事故抢救的;(二)迟报或者漏报事故的;(三)在事故调查处理期间擅离职守的。"第28条规定:"发生事故的电力企业及其有关人员有下列行为之一的,由电力监管机构对电力企业处100万元以上500万元以下的罚款;对主要负责人、直接负责的主管人员和其他直接责任人员处其上一年年收入60%至100%的罚款,属于国家工作人员的,并依法给予处分;构成违反治安管理行为的,由公安机关依法给予治安管理处罚;构成犯罪的,依法追究刑事责任:(一)谎报或者瞒报事故的;(二)伪造或者故意破坏事故现场的;(三)转移、隐匿资金、财产,或者销毁有关证据、资料的;(四)拒绝接受调查或者拒绝提供有关情况和资料的;(五)在事故调查中作伪证或者指使他人作伪证的;(六)事故发生后逃匿的。"第30条规定:"电力企业主要负责人未依法履行安全生产管理职责,导致事故发生的,由电力监管机构依照下列规定处以罚款;属于国家工作人员的,并依法给予处分;构成犯罪的,依法追究刑事责任:(一)发生一般事故的,处其上一年年收入30%的罚款;(二)发生较大事故的,处其上一年年收入40%的罚款;(三)发生重大事故的,处其上一年年收入60%的罚款;(四)发生特别重大事故的,处其上一年年收入80%的罚款。"

续表

法律/法规/部门规章/司法解释	条款	限制内容
2007年国务院《生产安全事故报告和调查处理条例》	第40条①	事故发生单位对事故发生负有责任的,由有关部门依法暂扣或者吊销其有关证照;对事故发生单位负有事故责任的有关人员,依法暂停或者撤销其与安全生产有关的执业资格、岗位证书;事故发生单位主要负责人受到刑事处罚或者撤职处分的,自刑罚执行完毕或者受处分之日起,5年内不得担任任何生产经营单位的主要负责人
2007年人事部、国家测绘地理信息局《注册测绘师制度暂行规定》	第23条②	因在测绘活动中受到刑事处罚,自刑事处罚执行完毕之日起至申请注册之日止不满3年的,不予注册
2006年《护照法》	第14条③	因妨害国（边）境管理受到刑事处罚的;因非法出境、非法居留、非法就业被遣返回国的,自其刑罚执行完毕或者被遣返回国之日起6个月至3年以内不予签发护照

---

① 2007年国务院《生产安全事故报告和调查处理条例》第40条规定:"事故发生单位对事故发生负有责任的,由有关部门依法暂扣或者吊销其有关证照;对事故发生单位负有事故责任的有关人员,依法暂停或者撤销其与安全生产有关的执业资格、岗位证书;事故发生单位主要负责人受到刑事处罚或者撤职处分的,自刑罚执行完毕或者受处分之日起,5年内不得担任任何生产经营单位的主要负责人。为发生事故的单位提供虚假证明的中介机构,由有关部门依法暂扣或者吊销其有关证照及其相关人员的执业资格;构成犯罪的,依法追究刑事责任。"

② 2007年人事部、国家测绘地理信息局《注册测绘师制度暂行规定》第23条规定:"注册申请人有下列情形之一的,不予注册……（三）因在测绘活动中受到刑事处罚,自刑事处罚执行完毕之日起至申请注册之日止不满3年的……"

③ 2006年《护照法》第14条规定:"申请人有下列情形之一的,护照签发机关自其刑罚执行完毕或者被遣返回国之日起六个月至三年以内不予签发护照:（一）因妨害国（边）境管理受到刑事处罚的;（二）因非法出境、非法居留、非法就业被遣返回国的。"

续表

法律/法规/部门规章/司法解释	条款	限制内容
2003年国务院《建设工程安全生产管理条例》	第66条	（1）违反本条例的规定，施工单位的主要负责人、项目负责人未履行安全生产管理职责的，责令限期改正；逾期未改正的，责令施工单位停业整顿；造成重大安全事故、重大伤亡事故或者其他严重后果，构成犯罪的，依照刑法有关规定追究刑事责任 （2）作业人员不服管理、违反规章制度和操作规程冒险作业造成重大伤亡事故或者其他严重后果，构成犯罪的，依照刑法有关规定追究刑事责任 （3）施工单位的主要负责人、项目负责人有前款违法行为，尚不够刑事处罚的，处2万元以上20万元以下的罚款或者按照管理权限给予撤职处分；自刑罚执行完毕或者受处分之日起，5年内不得担任任何施工单位的主要负责人、项目负责人

（四）针对特定刑罚

这是针对有前科公民承担责任的方式来限制或者剥夺其就业资格。

1. 终身剥夺

法律/法规/部门规章/司法解释	条款	限制内容
2017年中国证券监督管理委员会《证券交易所管理办法》	第34条	因犯罪被剥夺政治权利的，不得招聘为证券交易所从业人员，不得担任证券交易所理事、监事、高级管理人员
2016年国务院《娱乐场所管理条例》	第5条	因犯罪被剥夺政治权利的，不得开办娱乐场所或者在娱乐场所内从业

续表

法律/法规/部门规章/司法解释	条款	限制内容
2016年国务院《社会团体登记管理条例》	第13条①	发起人、拟任负责人正在或者曾经受到剥夺政治权利的刑事处罚，或者不具有完全民事行为能力的，登记管理机关不予登记
2015年《商业银行法》	第27条	因犯罪被剥夺政治权利的，不得担任商业银行的董事、高级管理人员
2011年《兵役法》	第3条②	依照法律被剥夺政治权利的人，不得服兵役
2009年《教师法》	第14条③	受到剥夺政治权利的，不能取得教师资格
2004年国务院《基金会管理条例》	第23条④	因犯罪被判处剥夺政治权利正在执行期间或者曾经被判处剥夺政治权利的，不得担任基金会的理事长、副理事长或者秘书长

---

① 2016年国务院《社会团体登记管理条例》第13条规定："有下列情形之一的，登记管理机关不予登记：（一）有根据证明申请登记的社会团体的宗旨、业务范围不符合本条例第四条的规定的；（二）在同一行政区域内已有业务范围相同或者相似的社会团体，没有必要成立的；（三）发起人、拟任负责人正在或者曾经受到剥夺政治权利的刑事处罚，或者不具有完全民事行为能力的；（四）在申请筹备时弄虚作假的；（五）有法律、行政法规禁止的其他情形的。"

② 2011年《兵役法》第3条第3款规定："依照法律被剥夺政治权利的人，不得服兵役。"

③ 2009年《教师法》第14条规定："受到剥夺政治权利或者故意犯罪受到有期徒刑以上刑事处罚的，不能取得教师资格；已经取得教师资格的，丧失教师资格。"

④ 2004年国务院《基金会管理条例》第23条规定："基金会理事长、副理事长和秘书长不得由现职国家工作人员兼任。基金会的法定代表人，不得同时担任其他组织的法定代表人。公募基金会和原始基金来自中国内地的非公募基金会的法定代表人，应当由内地居民担任。因犯罪被判处管制、拘役或者有期徒刑，刑期执行完毕之日起未逾5年的，因犯罪被判处剥夺政治权利正在执行期间或者曾经被判处剥夺政治权利的，以及曾在因违法被撤销登记的基金会担任理事长、副理事长或者秘书长，且对该基金会的违法行为负有个人责任，自该基金会被撤销之日起未逾5年的，不得担任基金会的理事长、副理事长或者秘书长。"

续表

法律/法规/部门规章/司法解释	条款	限制内容
1998年国务院《民办非企业单位登记管理暂行条例》	第11条①	拟任负责人正在或者曾经受到剥夺政治权利的刑事处罚,或者不具有完全民事行为能力的,登记管理机关不予登记

2. 定期剥夺

法律/法规/部门规章/司法解释	条款	限制内容
2018年《公司法》	第146条	因犯罪被剥夺政治权利,执行期满未逾5年不得担任公司的董事、监事、高级管理人员
2004年国务院《基金会管理条例》	第23条	因犯罪被判处管制、拘役或者有期徒刑,刑期执行完毕之日起未逾5年的,不得担任基金会的理事长、副理事长或者秘书长

从上述分类可以看出,在我国有违法犯罪前科的公民被限制或者剥夺的职业种类非常广泛,有法官、检察官、人民陪审员、公务员、人民警察、律师、拍卖师、新闻记者、出版专业技术人员、公证员、会计师、医生、教师、证券从业人员、导游、直销人员、保险营销人员、土地估价师、商业银行高级管理人员、公司董事、监事和高级管理人员、注册测绘师、注册会计师、

---

① 1998年国务院《民办非企业单位登记管理暂行条例》第11条规定:"登记管理机关应当自收到成立登记申请的全部有效文件之日起60日内作出准予登记或者不予登记的决定。有下列情形之一的,登记管理机关不予登记,并向申请人说明理由:(一)有根据证明申请登记的民办非企业单位的宗旨、业务范围不符合本条例第四条规定的;(二)在申请成立时弄虚作假的;(三)在同一行政区域内已有业务范围相同或者相似的民办非企业单位,没有必要成立的;(四)拟任负责人正在或者曾经受到剥夺政治权利的刑事处罚,或者不具有完全民事行为能力的;(五)有法律、行政法规禁止的其他情形的。"

基金会的理事长副理事长或者秘书长，等等。

除了对有前科者存在区别对待外，对于有前科者的近亲属和其他家庭成员也存在不同程度的区别对待，即所谓前科的株连效应。

如1996年人事部、公安部下发的《公安机关人民警察录用办法》第6条规定："有下列情形之一的，不得报考人民警察……（五）直系血亲和对本人有重大影响的旁系血亲中有判处死刑或正在服刑的；（六）直系血亲和对本人有重大影响的旁系血亲在境内外从事颠覆我国政权活动的。"①

再如2016年浙江省公安厅、浙江省人力资源和社会保障厅、浙江省公务员局《浙江省公安机关人民警察录用考察工作暂行办法》第11条规定："考察对象的家庭成员和主要社会关系成员应当拥护中国共产党领导，拥护社会主义制度，历史清楚。具有下列情形之一者，考察对象不宜录用为人民警察：（一）家庭成员和主要社会关系成员中有曾被判处死刑或因危害国家安全罪被判刑，或者因故意犯罪被判处有期徒刑以上刑罚正在监所服刑、监外执行（含保外就医）的；（二）家庭成员和主要社会关系成员中有因严重政治错误或涉嫌危害国家安全罪正被政法机关侦查、控制，或者有邪教组织的骨干分子且顽固不化、继续坚持错误立场的；（三）家庭成员和主要社会关系成员中有证据证明在国（境）外从事颠覆我国政权活动的。"

又如2014年《征兵政审工作规定》第8条规定："具有下列情形之一的公民，不得征集服现役……（八）家庭成员、主要社会关系成员有危害国家安全行为受到刑事处罚或者正在被侦查、起诉、审判的，组织、参加、支持民族分裂、暴力恐怖、宗教极端等非法组织的，是邪教、有害气功组织或者黑社会性质的组织成员的……"第9条规定："对政治条件有特别要求的单位

---

① 不过该办法已被2007年人事部《公务员录用规定（试行）》废止。

征集新兵，除执行本规定第七条、第八条的规定外，对具有下列情形之一的，也不得征集：家庭成员对中国共产党和社会主义制度有不满言行被查处的，被刑事处罚或者开除党籍、军籍、公职的，涉嫌严重违纪违法正在被调查处理或者正在被侦查、起诉、审判的；父母（监护人、直接抚养人）、配偶加入外国国籍或者持有外国永久居留证的……"

不可否认，上述制度能有效地维护国家机关、社会公益服务单位等特定行业的信誉，能够提升其公信力和间接保障公共利益不受威胁、侵犯。但是，这种制度设计在一定程度上损害了犯罪人近亲属和其他家庭成员的合法权益，影响了犯罪人的家庭关系，阻碍了犯罪人回归社会。

除了就业，入学时也存在对有前科者的区别对待。

首先，普通高校的入学，对有前科者存在区别对待。教育部《2019年普通高等学校招生工作规定》第2条对不得报名的人员作了规定："（1）具有高等学历教育资格的高校在校生，或已被高校录取并保留入学资格的学生；（2）高级中等教育学校非应届毕业的在校生；（3）在高级中等教育阶段非应届毕业年份以弄虚作假手段报名并违规参加普通高校招生考试（包括全国统考、省级统考和高校单独组织的招生考试，以下简称"高校招生考试"）的应届毕业生；（4）因违反国家教育考试规定，被给予暂停参加高校招生考试处理且在停考期内的人员；（5）因触犯刑法已被有关部门采取强制措施或正在服刑者。"换言之，除了因触犯刑法已被有关部门采取强制措施或正在服刑者不得报名外，前科者仍然可以报名参加高考。但是该规定在第9条又规定："思想政治品德考核主要是考核考生本人的现实表现。考生所在学校或单位（无工作单位的考生由所属的乡镇、街道办事处鉴定）应对考生的政治态度、思想品德作出全面鉴定，并对其真实性负责。鉴定内容应完整、准确地反映在考生报名登记表或省级招办另设的专门附加表中。对受过刑事处罚、治安管理处罚或其他违法违纪处理的考生,要提供所犯错误的事实、处理意见和本人对错误的认识及改正错误的现实表现等翔实材料,并对其真实性负责。"第10条规定:"考生有下列情形之一且未能提供对错误的认识及改正错误的现实表现等证明材料的,应认定为思想政治品德考核不合格:(1)有反对宪法所确定的基本原则的言行或参加邪教组织,情节严重的;(2)触犯刑法、治安管理处罚法,受到刑事处罚或治安管理处罚且情节严重、性质恶劣的。"也就是说,"触犯刑法、治安管理处罚法,受到刑事处罚或治安管理处罚且情节严重、性质恶劣的"且"未能提供对错误的认识及改正错误的现实表现等证明材料的"会被认定为"思想政治品德考核不合格"。

其次,公安、军队和司法院校的入学,也存在此类规定。例如,教育部、公安部、总政治部2001年下发的《关于军队院校招收普通中学高中毕业生和军队接收普通高等学校毕业生政治条件的规定》规定:"具有下列情形之一的,不予录取和接收……二、泄露党、国家和军队秘密的;与出逃国外、境外或在国外、境外参加间谍和反动组织的直系亲属关系密切,政治上可疑的。三、组织、参加境内外危害国家安全的组织,以及带有黑社会性质的组织(以当地公安部门认定的为准)的;组织、支持非法集会、游行、示威、静坐、绝食、罢课等活动的。四、被判徒刑、拘役、管制和被剥夺政治权利的;被依法劳动教养、行政拘留过的;因违法犯罪正在受侦查、起诉、审判而未结案,以及司法部门正在调查、控制的犯罪嫌疑人;因民事、经济等方面纠纷的诉讼尚未解决的。"2011年《浙江警官职业学院招生政审工作细则》以及《吉林省2011年公安普通高等学校和公安现役部队院校招生工作实施意见》均有与此相似的规定:"考生有下列情形之一的,属政审不合格,不得招录:曾受过刑事处罚、劳动教养、少年管教,或者近五年曾受过治安处罚的。"2011年《河南省公安院校、公安现役院校招生政审表》仍然明确要求考生填报"是否因违法犯罪受过刑事处罚"等内容。

二、非法定的前科歧视

除了法定的前科歧视外,在社会上还存在各种"看不见"的非法定前科歧视。

【案例1】

17岁的姑娘王某顺利结束了为期6个月的帮教考察,成为2013年某市某区人民检察院第一个附条件不起诉的未成年犯罪嫌疑人。与此同时,她的犯罪记录也将就此封存。但是,实践中由于缺乏配套制度的支持和相关的明细规定,这项制度还是在"蹒跚"而行,很难尽如人意,王某还是被原就读的职高"劝退",不得不转学。①

【案例2】

1982年,年仅16岁的张某因为涉嫌强奸被公安机关抓获,被判处有期徒刑14年。刑满释放出狱后,他踌躇满志,决定回家后找份工作,踏实生活。后来,他在某农贸市场找到了第一份工作,帮一些卖粮油的门店卸货。但不是经常都能找到活干,而且这里的力工歧视他,认为他是去跟他们抢饭吃。他被迫辞职,只好继续找工作,但是接连碰壁。听说某地有地下赌场,张某想去碰碰运气,赢点做小生意的本钱。开始几天,他运气不错,赢了2000多元,但是很快,他不仅输掉了赢来的钱,自己的钱也输了几百元。张某再次面临生活上的危机,他思来想去,总觉得自己没有办法融入社会,对"新生活"不禁心生厌倦。后来,他又多次盗窃电缆线、铝排,甚至每次都是坐等警察来抓。他解释说:"当时就是想被抓进来,因为进来至少有人陪他讲话,

---

① 张轶婷、李丽:《法律专家:封存未成年人犯罪记录核心是消除歧视》,载《中国青年报》2013年3月12日第6版。

至少不会那么孤独。他想,如果不被抓到的话,可以通过这种方式搞点钱,如果被抓到的话,正好如自己所愿,所以从第一次作案开始,就时刻准备着被抓。"释放出狱仅48天后,张某再一次回到他熟悉的监狱看守所生活。①

【案例3】

1999年,麦某因犯盗窃、非法拘禁罪被法院判处无期徒刑,剥夺政治权利终身。麦某先后在清远、新疆等地监狱服刑,2016年初刑满释放,从新疆某监狱返回广州原籍。"坐了20多年牢,现在回到广州,物是人非,我什么都不懂!连接下来怎么过都不知道。"眼神暗淡、头发凌乱、衣着单薄、年近六旬的刑满释放人员麦某从监狱出来后就开始流浪,晚上睡在绿化草坪上。重回社会,已成"三无"人员。面对陌生的一切,麦某感到彷徨无助。"无家可归、无亲可投、无业可就,没有身份证件,也找不到工作。"②

---

① 李锋:《一个刑满释放人员的48天》,载《东楚晚报》2007年11月2日。
② 刘友婷、印锐:《出把力,帮他们融入社会》,载《工人日报》2017年2月4日第7版。

第三章

犯罪记录封存之制度完善

《刑事诉讼法》规定的未成年人犯罪记录封存制度对于未成年犯的复学、升学、就业以及保证其顺利回归社会均具有重要的现实意义,是未成年犯及其法定代理人最为关切的未成年人刑事司法制度之一。本章着重分析该制度确立的必要性、对该制度的理解与适用以及亟须完善的地方。

第一节 未成年人犯罪记录封存制度之确立理由

未成年人犯罪记录封存制度是我国刑事司法制度的重大发展,被"寄予厚望"。它是未成年人特殊案件的要求,是衔接相关法律制度的需要,是我国"顶层设计"与"基层探索"的经验总结,是联合国少年司法准则的最低限度标准。

一、未成年人案件特殊性的要求

如何进一步有效地预防、遏制未成年人犯罪成为我国当前的一大重要课题。未成年人犯罪与成年人犯罪存在本质的区别。成年人犯罪往往是基于一种"理性选择"而对社会的一种"自觉性反抗",而未成年人犯罪则是未成年人在不良生活环境和尚未发育成熟的身心智力条件的双重影响下的被动选择。总体而言,未成年人的犯罪动机相对单纯,犯罪行为盲目性和随意性大,主观恶性不深,对外界事物的重新认识和对内心世界的自我评价具有较大的可塑性。"教育为主、惩罚为辅"是现代未成年人刑事司法制度的基本政策,不仅我国承认,也为联合国少年刑事司法准则和域外少年司法制度所广泛采纳。《联合国少年司法最低限度标准规则》(又称《北京规则》)第5.1条规定:"少年司法制度应强调少年的幸福,并应确保对少年犯作出的任何反应均应与罪犯和违法行为情况相称。"诚如德国学者汉斯－约格·阿尔布莱希特所言:"尽管对于未成年犯在法律上也应对其犯罪(犯罪意图必须被证明)负责,但是其最为根本的目的还是对其教育和使其康复。"[①]"少年法官科处犯罪少年刑罚只属于例外情况,即只有在少年监护措施因犯罪行为的严重性或少年行为人的犯罪倾向,尚不足以使其改邪归正的情况下,少年法官方能科处行为人少年刑罚。"[②]因此,对未成年犯应注重保护和教育,而不是报应和惩罚。

未成年人实施犯罪后,如若将其犯罪记录记入其学籍档案、人事档案、户籍证明等向社会公开的载体,将给未成年人的复学、升学、就业、婚姻等产生持续性的负面影响,这种终身伴随的"污点",使他们很难正常回归社会,许多未成年犯往往因此产生自卑心理,自暴自弃,甚至可能埋下重新犯

[①] 宋英辉、甄贞主编:《未成年人犯罪诉讼程序研究》,北京师范大学出版社2011年版,第47~48页。

[②] [德]汉斯·海因里希·耶塞克、托马斯·魏根特:《德国刑法教科书》,徐久生译,中国法制出版社2001年版,第13页。

罪的伏笔。① 封存未成年人的犯罪记录后,将有利于弱化未成年人的犯罪标签心理,保证其顺利复学、升学、就业等,维护未成年人家庭关系的和谐,使其顺利回归社会,将进一步降低未成年犯的重新犯罪率。② 为此,应当建立未成年犯罪记录封存制度。

---

① 如:16岁的小豪(化名)认识的一个女学生被男同学"欺负"。小豪一听说这事,就去帮忙教训了一下那个男生。事后经鉴定,挨打的男生成了重伤。在父亲的要求下,小豪去公安机关自首。当学校得知此事后,立即将小豪开除。小豪的父亲说:"当时学校告诉我,按照教委的文件和学校校规,凡是这样的学生一律开除!"他还为小豪找过其他普通高中、职高或是技校,但校方一听说小豪的情况全都拒绝了。失学给小豪的打击很大,造成他抵触情绪严重。他父亲让他在家看书,他则表示:"我现在这样看书有什么用,只能到社会上去混。"参见孙莹:《零犯罪率卡住校方 非监禁刑少年复学难》,载《北京晚报》2008年4月7日。

② 如:小陈在16岁时因盗窃被法院判处缓刑,后来因表现良好不仅被减刑,而且经法院与有关部门协商,其犯罪档案被封存,前科被限制公开。后来,小陈考入重点大学,又读了研究生。参见宁杰:《前科消灭"美丽谎言"待法律加持》,载《人民法院报》2010年5月11日。又如,吴某,女,某大学学生,犯罪时未成年。2008年2月,吴某趁其同学不在之机,将同学钱包内的建设银行卡盗走,先后两次提取人民币2200元并刷卡消费人民币3038.8元。后吴某被查获,赃款退赔被害人,法院判处吴某拘役3个月,缓刑4个月。为了减轻"前科"制度对她的影响,承办法官在判决书中特意不写明其目前所在的学校,判决发生效力后,为了不让此次"失足"事件影响她的学业,法院决定不向其学校寄送判决书,使其安心、顺利地完成学业,避免其受犯罪前科的影响而丧失积极改造、重新做人的信心。参见翟丽萍、丁青青:《北京市丰台区人民法院对未成年人刑事污点限制公开制度进行探索》,载 http://epaper.rmzxb.com.cn/2010/20100322/t20100322_310140.htm,访问时间:2012年3月12日。再如,2004年小吴因为参加一起寻衅滋事案件,被判处拘役4个月、缓刑4个月。犯罪当年,他未满16周岁。但是,一旦犯罪情况公开,小吴将来如何在大学里立足,如何在同学中间立足?将来毕业找工作,会不会受影响?办案的检察官们在依法履行职责使小吴得到应有惩处的同时,又不禁为小吴的前途担忧起来。在和公安、法院协商之后,检察院对小吴进行了考察。由于小吴是初犯,特别是在作案后距离被警方查获的近2年时间内表现较好,没有任何违法犯罪情况,并且在考察期内表现良好,最终,法院决定不将判决书送达小吴的户籍所在地,不计入档案之中,而是送到检察机关,由检察院予以封存。根据回访调查,小吴进入大学深造后认识到自己"从地狱中逃生的人",不仅认真学习,担任班级文体委员,还竟聘为学生会干部。如今,他已顺利毕业。参见陈鹏庭:《上海试点推广未成年人犯罪污点限制公开》,载《北京青年报》2009年6月15日。

二、衔接相关法律制度的需要

2011年5月1日正式施行的《刑法修正案（八）》在《刑法》第100条增加一款作为第2款规定："犯罪的时候不满十八周岁被判处五年有期徒刑以下刑罚的人，免除前款规定的报告义务。"[1]这一般被称为"未成年人轻罪免除报告制度"[2]。这一制度是贯彻宽严相济刑事政策，落实对未成年人的"教育、感化、挽救"方针以及转化巩固中央司法改革成果的重要体现。根据规定，被判处5年有期徒刑以下刑罚的未成年犯在入伍、就业时免除了如实向有关单位报告自己曾受过刑事处罚的义务。但是，免除前科报告义务制度只是免除了行为人的报告义务，用人单位、部队仍然可以查询未成年人的档案掌握其犯罪记录。而且，免除前科报告义务也未要求公安司法机关和有关机关不得披露未成年人的犯罪记录。这将导致未成年人免除报告义务没有实质意义。因此，为保证未成年人轻罪免除报告制度得到真正有效的实施，就必须在程序法中确立犯罪记录封存制度。

此外，我国有关未成年人的法律也明确要求封存未成年人的犯罪记录，并保证其在复学、升学、就业等方面与其他未成年人享有同等权利。2012年《未成年人保护法》第57条规定："对羁押、服刑的未成年人，应当与成年人分别关押。羁押、服刑的未成年人没有完成义务教育的，应当对其进行义务教育。解除羁押、服刑期满的未成年人的复学、升学、就业不受歧视。"2012年《预防未成年人犯罪法》第48条规定："依法免予刑事处罚、判处非监禁刑

---

[1] 《刑法》第100条规定："依法受过刑事处罚的人，在入伍、就业的时候，应当如实向有关单位报告自己曾受过刑事处罚，不得隐瞒。犯罪的时候不满十八周岁被判处五年有期徒刑以下刑罚的人，免除前款规定的报告义务。"

[2] 张军主编：《〈刑法修正案（八）〉条文及配套司法解释理解与适用》，人民法院出版社2011年版，第140页。

罚、判处刑罚宣告缓刑、假释或者刑罚执行完毕的未成年人,在复学、升学、就业等方面与其他未成年人享有同等权利,任何单位和个人不得歧视。"

三、"顶层设计"与"基层探索"的经验总结

近年来,随着人权保障观念和人道主义理念日渐深入人心,在中央深入推进司法体制改革的背景下,为充分贯彻宽严相济的形势政策,未成年人轻罪犯罪记录封存逐渐成为中央和地方实务部门积极探索的少年司法制度之一。

中央政法部门出台的一系列文件中均明确要求建立未成年人犯罪记录封存制度。2008年12月,中共中央批转的中央政法委《关于司法体制和工作机制改革若干问题的意见》中要求"有条件地建立未成年人轻罪犯罪记录消灭制度"。这是我国第一个提出要确立未成年人犯罪记录封存制度的规范性文件。2009年3月,最高人民法院颁布的《人民法院第三个五年改革纲要(2009—2013)》要求"配合有关部门有条件地建立未成年人轻罪犯罪记录消灭制度"。2010年8月,中央综治委预防青少年违法犯罪工作领导小组、最高人民法院、最高人民检察院、公安部、司法部、共青团中央六部门联合制定的《关于进一步建立和完善办理未成年人刑事案件配套工作体系的若干意见》(以下简称六部门《若干意见》)要求:"对违法和轻微犯罪的未成年人,有条件的地区可以试行行政处罚和轻罪记录消灭制度。非有法定事由,不得公开未成年人的行政处罚记录和被刑事立案、采取刑事强制措施、不起诉或因轻微犯罪被判处刑罚的记录。"根据这一意见,不仅要求试行未成年人轻罪记录消灭制度,还要试行未成年人行政处罚记录消灭制度;不仅不得公开未成年人因轻微犯罪被判处刑罚的记录,也不得公开未成年人被刑事立案、采取刑事强制措施以及不起诉的记录。因此,这是最广意义上的未成年人违法和犯罪记录封存制度。

地方司法实务部门积极探索未成年人犯罪记录封存制度，效果较好，并积累了较丰富的经验。从各地试点的情况来看，未成年人刑事记录封存制度主要包括两大类：未成年人轻罪犯罪记录消灭制度和未成年人相对不起诉污点限制公开制度。前者是指被法院判决有罪的未成年犯在服刑期满或免除刑罚后，符合特定条件的，由有关机关通过一定形式注销或者封存其有关刑事记录，并在未成年人复学、升学、就业以及担任无法律明文限制的职业时，任何单位和个人不得歧视。后者是指对于由检察院作出相对不起诉决定的未成年人，符合特定条件的，《不起诉决定书》将不送达相关学校和单位，不记入其人事档案，非经批准不得对外披露。① 为深入了解各地试点的基本做法，评估试点的效果，发现试点中存在的主要问题，并为《刑事诉讼法》的实施提供相关的对策建议，我们选择了若干试点未成年人轻罪犯罪记录消灭制度和相对不起诉污点限制公开制度较有代表性且样本较多的地区进行了调查。②

本次调查未成年人轻罪犯罪记录消灭制度的地区包括山东省德州市及青岛市、山西省太原市以及贵州省瓮安县。调查未成年人相对不起诉污点限制公开制度的地区包括上海浦东区、卢湾区、闵行区及杨浦区，福建省厦门市思明区。

德州市的未成年人轻罪犯罪记录消灭制度试点首先是从乐陵市开始的。

---

① 根据现行刑诉法的规定，我国的不起诉包括三种类型：法定不起诉、相对不起诉和证据不足不起诉。在司法实践中，被法定不起诉人和被证据不足不起诉人完全等同于无罪，但被相对不起诉人在实践中通常被当作有罪的人看待。因此，在三种被不起诉人中，只有被相对不起诉人才存在污点消灭的问题。

② 本书作者曾参与了博士后合作导师宋英辉教授主持的中国法学会课题"未成年人刑事司法改革实证研究"课题，且是子课题之一"未成年人前科消灭实证研究"的具体负责人以及该子课题调研报告的执笔人。调研报告的完整版参见宋英辉、何挺、王贞会等：《未成年人刑事司法改革研究》，北京大学出版社2013年版，第二编第八章"未成年人刑事记录封存制度"。

2009年2月,乐陵市社会治安综合治理委员会①办公室(以下将"社会治安综合治理委员会办公室"简称为"综治办")联合市法院、市检察院、市公安局、市司法局、市人事局、市民政局、市教育局、市劳动和社会保障局、团市委、市妇联等11个部门制定了《关于建立失足未成年人"前科消灭制度"的实施意见》及实施细则,正式开始了未成年人犯罪记录消灭的试点工作。截至2011年4月,乐陵市共为29名未成年人颁发了《轻罪犯罪记录消灭证明书》。在乐陵市试点成功的基础上,2010年4月,德州市综治办联合德州市中级法院等11个部门印发了《德州市未成年人轻罪犯罪记录消灭实施细则(试行)》,开始在德州市范围内全面推广未成年人轻罪犯罪记录消灭制度。同年12月,又联合出台了《德州市未成年人轻罪犯罪记录消灭操作规程(试行)》。截至2011年4月,德州全市已为34名未成年人颁发了轻罪记录消灭证明书。

青岛市的未成年人轻罪犯罪记录消灭制度试点首先是从李沧区开始的。2008年11月,青岛市李沧区开始试点未成年人轻罪犯罪记录消灭制度(又称"未成年人犯罪前科封存制度"),并由区政法委、综治委、法院、检察院、公安分局、司法局、人力资源和社会保障局、教体局、团区委等9个部门出台了《青岛市李沧区未成年人犯罪人前科封存实施意见(试行)》。截至2011年4月,李沧区共对9名未成年人实行了犯罪记录消灭。在李沧区试点的基础上,2010年1月,青岛市社会治安综合治理委员会办公室联合青岛市中级法院等8个部门出台了《青岛市未成年人轻罪犯罪记录封存暂行办法》,开始在

---

① 2011年8月21日,中共中央办公厅、国务院办公厅印发了《关于中央社会治安综合治理委员会更名为中央社会管理综合治理委员会的通知》。9月16日,中央社会管理综合治理委员会第一次全体会议召开,"中央社会治安综合治理委员会"正式更名为"中央社会管理综合治理委员会"。但是,对地方的相应机构并未作统一的更名要求。因此,有些地方进行了更名,有些地方则未更名。由于课题组在调研时并未更名,本报告仍采用原名。

全市范围内试行未成年人轻罪犯罪记录消灭制度。截至2011年4月，青岛全市共对34名未成年人进行了犯罪记录消灭。

2009年11月，根据太原市委、市政府关于创新未成年人法律援助工作机制的要求，太原市司法局联合太原市中级人民法院、太原市人民检察院、太原市公安局、太原市人事局、太原市教育局、太原市劳动和社会保障局等部门联合会签了《太原市未成年人犯罪前科消灭制度（试行）》，开始试点未成年人轻罪犯罪记录消灭制度。该做法的特点是由司法行政部门负责审批犯罪记录消灭。截至2011年5月，太原市共对14名未成年人实行了犯罪记录消灭。2008年6月28日后，针对事件中有些青少年应受刑事处罚或者行政处罚的情况，瓮安县确立了社会、学校、家庭"三位一体"的帮教体系，并试行涉案未成年人违法及轻罪犯罪记录消灭。截至2011年9月，瓮安县共计对其事件中涉嫌违法犯罪的104名未成年中的94名实施了违法及轻罪犯罪记录消除，社会反映很好。在瓮安成功试点的基础上，贵州全省开始探索试行。2010年7月新修订的《贵州省未成年人保护条例》第50条明确规定："对违法和轻微犯罪的未成年人，可以试行违法和轻罪犯罪记录消除制度。"根据该条例，2010年11月，贵州省高级法院、省检察院、省公安厅以及省司法厅联合出台了《贵州省未成年人违法和轻罪犯罪记录消除暂行办法》。目前，贵州全省的试点工作正在逐步展开。

上海市是率先开展未成年人相对不起诉污点限制公开制度试点的地区。截至2010年11月，上海全市共对67名未成年人进行了污点限制公开。此次调查的区包括：浦东区、卢湾区、闵行区及杨浦区。2004年4月15日，浦东区检察院与区团委签订了《关于建立未成年人刑事检察工作与社区青少年事务工作合作机制的协议》。该协议首次提出了"不起诉决定有条件不公开制度",随后制定了《关于污点有条件封存制度操作暂行规定》。① 为进一步规范该项工作,2007年10月,浦东检察院制定了《未成年人刑事污点限制公开考察实施细则》。截至2010年11月,浦东检察院已对23名未成年人作出污点限制公开的决定,其中3人已考上大学、17人已找到工作、1人出国、2人仍在求学。2004年,卢湾区开始探索建立未成年人不起诉污点限制公开制度。2007年11月,区检察院联合卢湾区青少年保护办公室和共青团区委制定了《关于未成年人不起诉污点限制公开的制度》。截至2010年11月,卢湾区先后对9名被不起诉未成年犯罪嫌疑人实行了污点限制公开。2005年,杨浦区检察院开始试点相对不起诉污点限制公开制度。截至2010年11月,共对9名未成年人实施污点限制公开。2007年,闵行区综治委、市公安局区分局、区检察院、区教育局联合出台了《关于对违法犯罪情节较轻的在校未成年人实行刑事污点限制公开的实施意见》。截至2010年11月,区检察院已对6名在校生适用污点限制公开制度。近年来,思明区检察院探索建立了一些未成年人案件办案机制。其中未成年人相对不起诉污点限制公开制度是思明区检察院重点探索试行的制度之一。2007年12月,思明区检察院出台的《办理未成年人刑事案件实施办法》对该制度予以原则性的规定。截至2010年底,已对19名未成年人适用污点限制公开制度。这项改革试点得到了家长、学校、社会的赞誉,媒体舆论反响积极,为试行未成年人轻罪记录消除制度,巩固

---

① 同时,浦东区人民检察院将"未成年人刑事污点限制公开制度"适用于第一个案例:李佳、王峰、许鸣、赵安(化名)都是上海市一所职校的学生,年龄十六七岁。李佳快结束职校学业,为了表示庆祝,4人一起动手就抢了一女青年的背包,劫得20元现金。次日,4人被刑事拘留。2004年4月8日,浦东新区检察院对李佳等4名少年进行诉前考察,为期3个月。这是上海首例检察机关"诉前考察"对象。同年7月23日,浦东新区检察院依法对4名少年宣布不起诉决定,同时启动了"相对不起诉有条件封存"仪式。4名少年是在为期3个月的考察期间内表现良好,幸运成为上海检察机关首例"诉前考察"第一批通过对象,《不起诉决定书》永久封存于检察机关档案库,不送达相关学校和单位,确保被不起诉人的"污点消除"。

和创新青少年帮教工作积累了经验，取得了良好的社会效果和法律效果。[①]

通过对未成年人刑事记录封存案件的调查、问卷和数据分析，刑事记录封存在以下两个方面具有积极效果：一是帮助未成年人回归社会；二是降低未成年人再犯罪率。

具体说来，此种效果主要表现在以下三个方面[②]：

1. 有利于弱化未成年人的犯罪标签心理

从理论上看，消灭刑事记录能使未成年人充分认识到国家和社会对他们的关心和爱护，有利于他们从内心上真正改过自新，增加生活和工作的信心，能有效避免再次走上犯罪的道路。可以从以下两个指标评估刑事记录封存这方面的效果：自卑感的变化情况；对生活满意度情况。

一是自卑感的变化情况。在犯罪记录封存之前，15名未成年人中认为"有一些自卑感"的10名，占66.7%；"有强烈的自卑感"的4名，占26.7%；"没有自卑感"的1名，占6.6%（见图一）。在犯罪记录封存之后，认为这种自卑感"减少很多"的有8名，占53.3%；认为"减少一些"的有5名，占33.3%；认为"没有变化"的有2名，占13.4%（见图二）。

[①] 参见马跃峰：《山东乐陵下发意见：未成年罪犯刑罚完毕前科消灭》，载《人民日报》2009年10月14日；阎志江：《贵州立法试行未成年人违法和轻罪记录消除制度 违法犯罪事实将不记入个人档案》，载《法制日报》2010年8月20日。

[②] 问卷调查数据情况引自宋英辉、何挺、王贞会等：《未成年人刑事司法改革研究》，北京大学出版社2013年版，第八章"未成年人刑事记录封存制度"。

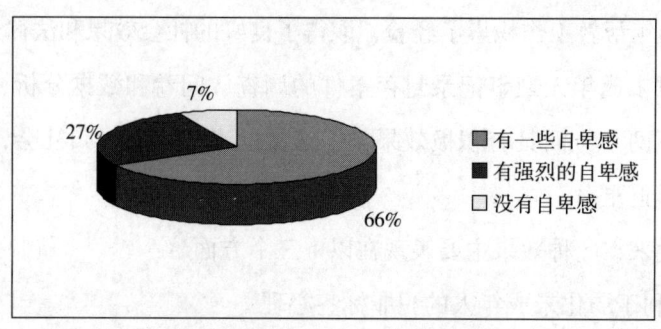

图一：犯罪记录封存之前自卑感情况

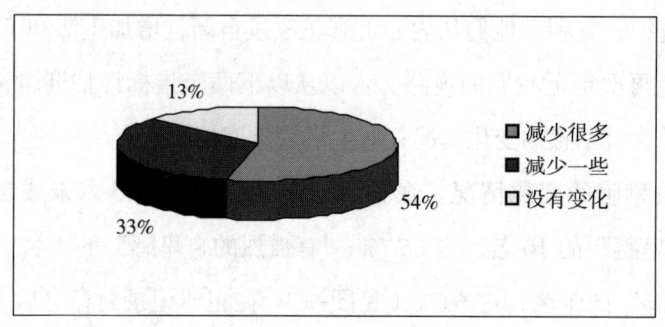

图二：犯罪记录封存后自卑感变化情况

二是对生活满意度情况。在"你对现在的生活感到满意吗"的调查中，15名中未成年人中选择"满意"或者"比较满意"有11名，占73.3%；选择"不太满意"或者"一般"的有4名，占26.7%。对于未来生活的态度，在刑事记录封存之前，12名选择了"悲观"，占80%；在刑事记录封存后，14名未成年人选择了"乐观"，占93.3%，只有1名选择了"悲观"，占6.7%（见表一）。

表一：犯罪记录封存前后对未来生活的态度对比

	犯罪记录封存前对未来生活的态度	犯罪记录封存后对未来生活的态度
悲观	80%	6.7%
乐观	20%	93.3%

2. 有利于未成年人复学、升学

未成年人在14岁至18岁期间基本上处于就读初中或者其他中等教育的阶段。尽管《教育法》《未成年人保护法》等法律明确规定要求保护未成年人接受义务教育的权利，但是在实践中，学校为了完成各类评比中"零犯罪率"指标的需要，往往会劝退仍处于义务教育阶段的未成年犯。[①] 至于在非义务教育的其他中等教育阶段，学校对未成年犯会选择直接开除。而且，受过刑事处罚的未成年人也失去了接受高等教育的权利。因此，消灭未成年人的犯罪记录有利于未成年人复学和升学。问卷调查显示，在15名未成年人中，实施涉罪行为时在校学习的有11名，占73.3%；填写问卷时仍有5名未成年人在原校（3名）或者其他学校就读（2名），占45%。实地调查显示，在适用试行的犯罪记录封存制度的263名未成年人中，至少有70名未成年人复学或者升学，其中至少有30名未成年人考上了大学。[②] 不过，其中有部分未成年人，即使有关机关消灭了刑事记录，但由于羞愧感，还是主动辍学。

3. 有利于未成年人家庭和亲属关系的和谐

在实践中，未成年人犯罪多由家庭关系不和引起，反过来，未成年人犯罪后也会导致家庭关系和亲属关系的不和谐甚至破裂。在有些家庭中，未成年人犯罪后，会被家庭成员和近亲属看作"坏孩子"，会受到各种有形或者无

---

① 参见孙莹:《零犯罪率卡住校方 非监禁刑少年复学难》，载《北京晚报》2008年4月7日第8版。
② 由于各地的统计数据并非全部对外公开，这里的"30名"是根据各地已公布的人数累加而成。

形的冷遇。犯罪记录封存后,则会被另眼相看,有利于家庭关系的和谐。问卷调查显示,在"实施犯罪行为后,你和家人、亲朋的关系有变化吗"的问卷中,15名未成年人中认为"变差很多"或者"变差一些"的有8名,占53.3%;认为"没有变化"的有4名,占26.7%;认为"变好一些"的有3名,占20%(见图三)。在犯罪记录封存后,认为和家人、亲朋的关系"变好很多"或者"变好一些"的有10名,占66.7%;认为"没有变化"的有5名,占33.3%(见图四)。

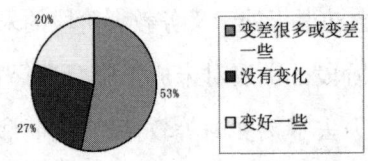

图三:犯罪记录封存前与家人关系变化情况

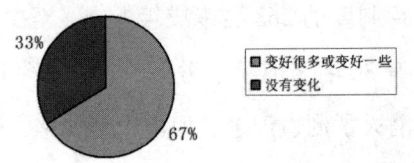

图四:犯罪记录封存后与家人关系变化情况

此外,刑事记录封存有助于降低未成年人再犯罪率。在"如果再次遇到类似情形,你还会实施犯罪行为吗"的问卷中,15名未成年人中14名选择"肯定不会",占93.3%;只有1名选择"可能会,视情况而定",占6.7%;选择"肯定会"的 0 名。

因此，中央和地方司法实务部门的积极推动和努力探索以及在实践中取得了显著效果是立法部门在《刑事诉讼法》中明确规定未成年人犯罪记录封存制度的直接原因。

四、联合国少年司法准则的最低限度标准

封存未成年人的犯罪记录是联合国少年司法准则的最低限度标准。1985年11月，联合国大会通过了《联合国少年司法最低限度标准规则》（又称《北京规则》）。此规则确立了一系列联合国少年司法的最低限度标准规则。该规则第8条规定："应在各个阶段尊重少年犯享有隐私的权利，以避免由于不适当的宣传或加以点名而对其造成伤害。原则上不应公布可能会导致使人认出某一少年犯的资料。"第21条规定："对少年罪犯的档案应严格保密，不得让第三方利用。应仅限于与处理手头上的案件直接有关的人员或其他经正式授权的人员才可以接触这些档案。少年罪犯的档案不得在其后的成人讼案中加以引用。"因此，封存未成年人的犯罪记录是联合国少年司法准则的最低限度要求。也就是说，这是各签约国均必须严格贯彻执行的最基本要求。[①] 可见，《刑事诉讼法》规定未成年人犯罪记录封存制度也是联合国少年司法准则的要求。

但是，《刑事诉讼法》仅用一个条文共两款规定未成年人犯罪记录封存制

---

① 在该规则的基础上，《联合国保护被剥夺自由少年规则》（也称《东京规则》）还要求保障被封存犯罪记录未成年人的权利以及销毁其犯罪记录。该规则第13条规定："被剥夺自由的少年不应因有关这一身份的任何理由而丧失其根据国内法或国际法有权享有并与剥夺自由情况相容的公民、经济、政治、社会或文化权利。"第19条规定："所有报告包括法律记录、医疗记录和纪律程序记录以及与待遇的形式、内容和细节有关的所有其他文件，均应放入保密的个人档案内……非特许人员不得查阅……释放时，少年的记录应封存，并在适当时候加以销毁。"

度，略显粗疏简单。尽管这一规定确立了该制度的基本框架，但是对于以下问题，《刑事诉讼法》予以了回避：(1) 该条规定的未成年人犯罪记录封存与理论界通常说的"前科消灭"是何关系？究竟是"封存"还是"消灭"？"封存"与"消灭"之间有何区别？(2) 对未成年人犯罪记录进行封存的决定机关是哪一机关？值得注意的是，2011 年 8 月 30 日中国人大网公布的《中华人民共和国刑事诉讼法修正案（草案）》[①]（以下简称"一审稿"）曾对封存未成年人犯罪记录的机关作了明确规定，即"司法机关和有关机关"[②]，但是 2011 年 12 月 26 日第十一届全国人大常委会第二十四次会议审议稿（以下简称"二审稿"）以及目前的《刑事诉讼法》删除了"司法机关和有关机关"的表述。(3) 未成年人犯罪记录封存是否包括未成年人相对不起诉（酌定不起诉）污点限制公开或者消灭？(4) 未成年人犯罪记录封存的法律效力是否仅限于"封存"？对未成年人的复学、升学以及就业有何影响？(5) 本条但书中的"国家规定"究竟是什么规定？范围包括哪些？它与"法律法规"有何区别？值得注意的是，一审稿中是"法律法规规定"，二审稿以及目前的《刑事诉讼法》将其修改为"国家规定"。(6) 未成年人犯罪记录封存与《刑法修正案（八）》规定的未成年人免除前科报告义务制度之间是什么关系？对这些问题，《刑事诉讼法》均未明确规定，有待立法部门作进一步解释。

[①] 2011 年 8 月 24～26 日第十一届全国人大常委会第二十二次会议的审议稿。
[②] 该草案规定，"犯罪的时候不满十八岁，被判处五年有期徒刑以下刑罚的，司法机关和有关部门应当对相关犯罪记录予以封存""犯罪记录被封存的，不得向任何单位和个人提供，但司法机关为办案需要或者有关单位根据法律法规规定进行查询的除外。依法进行查询的单位，应当对被封存的犯罪记录的情况予以保密"。

第二节　犯罪记录封存制度的适用对象

2018年《刑事诉讼法》第286条规定："犯罪的时候不满十八周岁，被判处五年有期徒刑以下刑罚的，应当对相关犯罪记录予以封存。犯罪记录被封存的，不得向任何单位和个人提供，但司法机关为办案需要或者有关单位根据国家规定进行查询的除外。依法进行查询的单位，应当对被封存的犯罪记录的情况予以保密。"这初步构筑了未成年人犯罪记录封存制度的基本框架。但是，该规定仍然过于原则，还在"摸着石头过河"。

一、适用对象的理解

《刑事诉讼法》对未成年人犯罪记录封存制度的适用对象作了明确规定，即"犯罪的时候不满十八周岁，被判处五年有期徒刑以下刑罚"的人。"五年有期徒刑以下刑罚"包括五年以下有期徒刑、拘役、管制、单处罚金、驱逐出境。

立法之所以如此规定，一方面是因为被判处5年有期徒刑以下刑罚的犯罪通常被认为轻罪，其社会危害性和主观危险性较低，可塑造性强。"在中国以5年有期徒刑作为轻罪与重罪的分界线，较为符合轻罪应占绝大多数这一应然性和世界性的规律。"[①]"如果依据刑法规定，该未成年人被判处的刑罚超过五年有期徒刑，说明其行为的社会危害性较大，其个人的人身危险性也较大，将其犯罪记录予以封存，不利于刑法社会防卫功能的发挥。"[②]另一方面是为了与《刑法修正案（八）》规定的未成年人免除前科报告义务制度相协

[①] 郑丽萍：《轻罪重罪之法定界分》，载《中国法学》2013年第2期。
[②] 王爱立主编：《中华人民共和国刑事诉讼法释义》，法律出版社2018年版，第603~604页。

调。①据此，该条规定的制度最为准确的制度名称应当是"未成年人轻罪犯罪记录封存"，而不是"未成年人犯罪记录封存"。笔者认为，从总体上看，《刑事诉讼法》关于未成年人轻罪犯罪记录封存适用对象的限定是立法部门权衡惩罚未成年人犯罪与保障未成年人人权之间关系的结果。

在此，有以下两个问题值得探讨：

（一）当行为人在年满18周岁前后实施数个犯罪行为构成一罪或者数罪的，其犯罪记录是否应当封存

对于这个问题，目前争议很大。一种观点认为不应当封存，主要理由是：（1）如果连续实施数个行为构成一罪，不满18周岁时实施的犯罪行为无法单独评价，定罪量刑是综合衡量数个行为后作出的结果；（2）行为人的行为如构成数罪，由于数罪一并审理、一并宣判，定罪量刑在同一份判决书中，免除不满18周岁时所犯的部分犯罪的报告义务，实践中没有可操作性；（3）行为人实施数个犯罪行为构成一罪或者数罪，表明其人身危险性较一般的初犯、偶犯要大，对他们在前科报告义务方面作出相对严格的要求，有利于更好地保护社会利益，体现刑法惩罚犯罪、保护人民的目的。②一些地方规范性文件也采取该种立场。2015年首都综治委预防青少年违法犯罪专项组、北京市高级人民法院、北京市人民检察院等《关于未成年人犯罪记录封存的实施办法（试行）》第5条规定："具有下列情形之一的，犯罪记录不予封存……（二）被告人在年满十八周岁前后分别实施犯罪行为，需要在同一案件中一并处理的。"2013年江苏省综治委预防青少年违法犯罪工作领导小组、江苏省高

---

① 《刑法》第100条规定："依法受过刑事处罚的人，在入伍、就业的时候，应当如实向有关单位报告自己曾受过刑事处罚，不得隐瞒。犯罪的时候不满十八周岁被判处五年有期徒刑以下刑罚的人，免除前款规定的报告义务。"

② 参见张军：《刑法修正案（八）条文及其配套司法解释理解与适用》，人民法院出版社2011年版，第140~141页；沈志先主编：《未成年人审判精要》，法律出版社2012年版，第140页。

级人民法院、江苏省人民检察院等《江苏省未成年人犯罪记录封存工作实施意见》规定:"行为人在年满十八周岁前后实施数个行为,构成一罪或者数罪的,不适用犯罪记录封存。"

另一种观点则认为,应结合实践中跨越18周岁前后实施犯罪行为的特征以及犯罪行为被评价的诉讼期间等具体情况,具有以下情形之一的,应当或一般应当对有关犯罪记录予以封存:(1)跨越18周岁前后实施的犯罪行为被认为"情节轻微,依照刑法规定不需要判处刑罚或者免除处罚的",人民检察院依照《刑事诉讼法》第173条的规定作出酌定不起诉决定的;(2)跨越18周岁前后实施的犯罪行为构成一罪被判处拘役或者3年以下有期徒刑,宣告缓刑的;或者判决宣告前跨越18周岁前后实施的犯罪行为构成数罪,数罪并罚被判处拘役或者3年以下有期徒刑,宣告缓刑的;(3)被附条件不起诉的未成年犯罪嫌疑人,在考验期内成年且实施新的犯罪,在提起公诉后,如果数罪并罚被判处5年有期徒刑以下刑罚,且考验期内所犯罪行轻微的;(4)因不满18周岁时实施的犯罪被宣告缓刑,在缓刑考验期限内犯新罪(犯新罪时已成年)或者发现判决宣告前还有成年后实施的犯罪没有判决,如果撤销缓刑,实行数罪并罚后决定执行的刑罚在5年有期徒刑以下,且成年后实施的犯罪比较轻微的(当然,被撤销缓刑后实行数罪并罚,即使被判处3年以下有期徒刑,依照刑法规定也不可能再次被宣告缓刑);(5)因不满18周岁时实施的犯罪被判刑,假释考验期限内又犯新罪(犯新罪时已成年)或者发现判决宣告前还有成年后实施的犯罪没有判决,如果撤销假释,实行数罪并罚后决定执行的刑罚在5年有期徒刑以下,且成年后实施的犯罪比较轻微的;(6)跨越18周岁前后实施的犯罪行为构成一罪被判处5年有期徒刑以下实刑,如果主要的犯罪事实是在不满18周岁时实施的,或者不满18周岁时实施的犯罪情节明显重于成年后实施的犯罪情节,或者不满18周岁时实施的犯罪数额明显多于成年后实施的犯罪数额的;(7)行为人不满18周岁的犯罪之判决宣告以后、刑罚执行完毕以前,发现其成年后实施的犯罪漏判,如果按照《刑法》第70条、第69条的规定数罪并罚后决定执行的刑罚仍在5年有期徒刑以下,且成年后实施的犯罪比较轻微的;(8)行为人不满18周岁的犯罪之判决宣告以后、刑罚执行完毕以前,发现其成年后实施的漏罪行为与已经判决认定的犯罪事实属于同一案件的,应当适用审判监督程序,撤销原审判决,重新审理作出裁判,而不实行数罪并罚。如果再审判处行为人5年有期徒刑以下刑罚,而行为人成年后实施的犯罪比较轻微的;(9)行为人不满18周岁的犯罪之判决宣告以后、刑罚执行完毕以前,于成年时又犯新罪,如果按照《刑法》第71条、第69条的规定数罪并罚后决定执行的刑罚仍在5年有期徒刑以下,且成年后实施的犯罪比较轻微的。①

笔者认为,第二种观点区分不同情况,更符合犯罪记录封存制度的立法目的,更有利于保护未成年犯的利益,更有利于未成年犯回归社会。

(二)相对不起诉和附条件不起诉记录封存能否参照适用

相对不起诉原《刑事诉讼法》已有规定,《刑事诉讼法》第177条第2款规定,对于犯罪情节轻微,依照刑法规定不需要判处刑罚或者免除刑罚的,人民检察院可以作出不起诉决定。这条规定在学理上被称为"相对不起诉"。根据这一规定,相对不起诉必须具备两个条件:一是犯罪嫌疑人的行为已构成犯罪,应当负刑事责任;二是犯罪行为情节轻微,依照刑法规定不需要判处刑罚或者免除刑罚。②"未成年人附条件不起诉"则是《刑事诉讼法》增加规定的一种不起诉形式。该法第282条规定:"对于未成年人涉嫌刑法分则第

---

① 参见肖中华:《论我国未成年人犯罪记录封存制度的适用》,载《法治研究》2014年第1期。
② 陈光中主编:《刑事诉讼法》(第三版),北京大学出版社、高等教育出版社2009年版,第314页。

四章、第五章、第六章规定的犯罪，可能判处一年有期徒刑以下刑罚，符合起诉条件，但有悔罪表现的，人民检察院可以作出附条件不起诉的决定。人民检察院在作出附条件不起诉的决定以前，应当听取公安机关、被害人的意见。对附条件不起诉的决定，公安机关要求复议、提请复核或者被害人申诉的，适用本法第一百七十九条、第一百八十条的规定。"据此，未成年人附条件不起诉的适用条件包括：一是未成年人涉嫌刑法分则第四章、第五章、第六章规定的犯罪；二是虽然可能判处1年有期徒刑以下刑罚；三是符合起诉条件；四是有悔罪表现的；五是未成年犯罪嫌疑人及其法定代理人没有异议。

上述两种不起诉的适用条件和对象有所不同，但两者的共同条件之一是"犯罪嫌疑人的行为已经构成犯罪并符合起诉条件"。[1]也正因为如此，被相对不起诉人和被附条件不起诉人在司法实践中通常被当作有罪之人看待。[2]从这个意义上，未成年人轻罪犯罪记录封存的适用对象应当不包括被相对不起诉和被附条件不起诉的未成年人。但是，根据《刑事诉讼法》第12条的规定，非经人民法院依法判决，任何人都是无罪的。可见，司法实践中将被相对不起诉人和被附条件不起诉当作有罪之人看待是违反刑事诉讼法规定和精神的。

---

[1] 除立法规定上的原因外，将被相对不起诉人当作有罪的人看待还有历史方面的原因。其实，相对不起诉制度是由具有有罪认定效力的免予起诉制度演变而来。免予起诉制度是1956年4月25日全国人大常委会通过的《关于处理在押日本侵略中国战争中战争犯罪分子的决定》确立的制度，即"对于次要的或者悔罪表现较好的日本战争犯罪分子，可以从宽处理，免予起诉"。1979年《刑事诉讼法》第101条正式确立免予起诉制度，即规定："依照刑法规定不需要判处刑罚或者免除刑罚的，人民检察院可以免予起诉。"在1996年刑事诉讼法修改过程中，免予起诉制度被认为，"一、不经法院审判程序就定有罪，不符合法制的原则；二、实践中，对有些无罪的人决定免予起诉，侵害了被告人的合法权利；对有些依法应当判刑的，却给予免予起诉"。最终，该制度被取消，取而代之的是相对不起诉制度，但"有罪认定"在实践中仍然得到继承。参见曾新华：《未成年人相对不起诉污点限制公开初探》，载《北航法律评论》2012年第1卷。

[2] 据笔者了解，被相对不起诉人与刑满释放人员都属于《重点人口管理规定》中第四类"因故意违法犯罪被刑满释放、解除劳动教养不满五年的"，都纳入了重点人口管理的范围。参见曾新华：《未成年人相对不起诉污点限制公开初探》，载《北航法律评论》2012年第1卷。

笔者认为，不能简单地认为未成年人犯罪记录封存制度适用对象包括被相对不起诉和被附条件不起诉的未成年人，因为被适用这两种不起诉的未成年人的行为确实已符合起诉条件。为此，中央政法机关可以联合出台相关的司法解释或者规范性文件，明确规定，被相对不起诉和被附条件不起诉的未成年人不起诉记录封存可参照适用《刑事诉讼法》规定的未成年人犯罪记录封存制度。2012年《人民检察院刑事诉讼规则（试行）》第507条规定："人民检察院对未成年犯罪嫌疑人作出不起诉决定后，应当对相关记录予以封存。具体程序参照本规则第五百零四条至第五百零六条的规定。"

二、适用对象的反思与扩大

《刑事诉讼法》将犯罪记录封存制度的适用对象限于"犯罪的时候不满十八周岁，被判处五年有期徒刑以下刑罚"的人。那么，是否应当进一步扩大犯罪记录封存制度的适用范围？

有学者认为，在封存对象方面，原则上适当扩大封存对象的范围，将所有过失犯罪的未成年人涵盖在内。因为"即使未成年人实施危害国家安全犯罪、毒品类犯罪、强奸类犯罪、黑社会性质犯罪等社会危害性较大的犯罪，也有很大可能被判处5年以下有期徒刑……一部分实施过失犯罪的未成年人，由于经济贫困而无法及时赔偿被害人、获得谅解，最终被判处5年以上有期徒刑。因此，机械化的封存标准在实践中产生了一个严重消极效应：人身危险性较高的未成年人的犯罪记录可能被封存，而人身危险性较低的未成年人的犯罪记录却可能没有被封存"[①]。

有刑法学者则认为，我国的犯罪记录封存制度应当适用于所有罪犯，不

[①] 宋英辉、杨雯清：《我国未成年人犯罪记录封存制度研究》，载《国家检察官学院学报》2019年第4期。

仅仅适用于未成年人，但是应当选择基于主体差异的二阶段封存：（1）第一阶段封存，是对犯罪记录的部分封存，实现前科的不完全消灭。部分封存的适用查询主体是私务主体，是指根据特定犯罪记录在犯罪类型、刑罚刑种刑度的差异，经过法定的期间后，有犯罪记录者或经授权的主体，在查询其犯罪记录时，犯罪记录信息将被封存无法查询。私务主体可以获得无犯罪记录证明，有犯罪记录者对外可以宣称自己无犯罪记录，从而正常进行学习、就业、旅行、定居等活动，实现部分回归社会。但是，第一阶段的犯罪记录封存，仅针对私务主体，公务主体依职权和法律规定，主动对犯罪记录进行查询时，相应的犯罪信息并未被封存。公务主体通过查询可以获得有犯罪记录者的犯罪记录报告，有犯罪记录者在面对有权公务主体时，也不能宣称自身无犯罪记录。（2）第二阶段封存，是对犯罪记录的完全封存，实现前科的完全消灭。完全封存的适用查询主体是私务主体和公务主体，是指根据特定犯罪记录在犯罪类型、刑罚刑种刑度的差异，经过法定期间后，无论是私务主体还是公务主体，犯罪记录信息都将被封存而无法查询，都只能获得"无犯罪记录证明"，有犯罪记录者在法律上被视为无犯罪记录人，实现彻底地回归社会。"针对私务主体的第一阶段封存期间，具体规则如下：宣告刑为单处附加刑、管制、拘役或不满5年有期徒刑，犯罪记录封存期间为3年；宣告刑为5年以上不满10年有期徒刑，犯罪记录封存期间为5年；宣告刑为10年以上有期徒刑的，犯罪记录封存期间为7年。""针对公务主体第二阶段封存的期间，建议具体规则如下：宣告刑为单处附加刑、管制、拘役或不满5年有期徒刑，犯罪记录封存期间为5年；宣告刑为5年以上不满10年有期徒刑，犯罪记录封存期间为10年；宣告刑为10年以上有期徒刑的，犯罪记录封存期间为15年。"[①]

---

① 于志刚：《犯罪记录制度的体系化建构》，载《中国社会科学》2019年第3期。

笔者认为，在目前阶段犯罪记录封存应当适用于所有未成年犯。封存未成年人的犯罪记录是因为未成年人生理、心理尚未成熟，可塑造强，封存其犯罪记录有利于其顺利回归社会，最大限度地降低再犯罪率，而不是根据行为的危害程度以及行为人的人身危险性决定是否要封存其犯罪记录，否则成年人犯罪中也有犯罪情节轻微的，为什么不封存其犯罪记录呢？诚如有学者所言，"未成年人已然犯罪的危害程度或其人身危险性并不是这一制度的主要考虑因素。也就是说，并不因为未成年人被判更重的刑罚，其犯罪记录就更有被公开的理由。正因为如此，无论是国际公约还是其他国家的立法例，都没有在未成年人犯罪记录的封存上，作轻罪和重罪的区分。"① 而且，《联合国少年司法最低限度标准规则》关于未成年人犯罪记录封存的规定也并未区分罪轻和罪重的未成年人，即所有未成年人的犯罪记录都必须密封保存。在域外，封存未成年人犯罪记录也适用于所有未成年犯，只是在销毁其犯罪记录时不同罪行和刑罚的未成年人考验期限不同。如《俄罗斯刑法典》第95条规定："对年满18岁之前实施犯罪的人，本法典第八十六条第三款规定的消灭前科的期限应予缩短，分别为：（1）因轻罪或者中等严重的犯罪而服剥夺自由刑的，服刑期满后经过1年；（2）因严重犯罪或者特别严重犯罪而服剥夺自由刑的，服刑期满后经过3年。"因此，从理论上、域外立法上来看，犯罪记录封存的适用对象应当扩大到所有未成年犯。但是，前提是刑法取消了所有未成年犯的前科报告义务以及所有未成年犯不构成一般累犯。可以试想，在刑法还保留了判处5年有期徒刑以上刑罚的未成年犯的前科报告义务并且还构成一般累犯的情况下，刑诉法却规定封存其犯罪记录，岂不很荒谬？正如前文所言，犯罪记录封存是前科消灭在程序法中的体现，是前科消灭的程序法保

---

① 汪建成：《论未成年人犯罪诉讼程序的建立和完善》，载《法学家》2012年第1期。

障，是前科消灭的程序之维。因此，只有在刑法明确规定取消了所有未成年犯的前科时，刑事诉讼法才可能封存所有未成年犯的犯罪记录。

第三节 犯罪记录封存制度的适用程序

一、适用主体

《刑事诉讼法》对未成年人轻罪犯罪记录封存的适用主体未作规定。如前所述，2011年8月30日中国人大网公布的刑事诉讼法修正案草案[①]对封存未成年人犯罪记录的主体作了明确规定，即"司法机关和有关机关"[②]，但是，随后却均删除了"司法机关和有关机关"的表述。根据笔者的揣测，立法部门之所以作出上述修改主要因为司法实践中知晓未成年人犯罪记录的主体较为复杂，立法上难以准确概括，而且，"司法机关"的范围存在争议，"有关机关"指代不明。有鉴于此，《刑事诉讼法》对未成年人轻罪犯罪记录封存的适用主体未作明确规定。但是，为了该制度的实施效果，必须通过制定相关的司法解释或者规范性文件予以补充规定。

笔者认为，所有知晓未成年人犯罪记录的机关、单位以及个人都应是未成年人轻罪犯罪记录封存的适用主体。首先，是人民法院、人民检察院、公安机关以及未成年犯管教所。这些国家专门机关理应是封存未成年人犯罪记录的当然主体。就公诉案件中的未成年犯而言，人民法院、人民检察院以及

---

① 该草案是2011年8月24~26日第十一届全国人大常委会第二十二次会议的审议稿。

② 该草案规定："犯罪的时候不满十八岁，被判处五年有期徒刑以下刑罚的，司法机关和有关部门应当对相关犯罪记录予以封存。""犯罪记录被封存的，不得向任何单位和个人提供，但司法机关为办案需要或者有关单位根据法律法规规定进行查询的除外。依法进行查询的单位，应当对被封存的犯罪记录的情况予以保密。"

公安机关都会有其案卷材料以及有关犯罪记录；在自诉案件，人民法院有其相关的犯罪记录。如果还被判处刑罚需要执行的，未成年犯管教所也会有其相关的犯罪记录。①其次，是知晓未成年人犯罪记录的有关组织或者单位。比如，未成年人所在学校、未成年人所在单位、居住地基层组织、未成年人保护组织、法律援助机构、社区矫正机构以及一些地方探索的涉罪外来人员管护基地②，等等。这些组织或者机构都有可能获悉未成年人的犯罪记录，也应当成为封存未成年人犯罪记录的主体。最后，是当事人、辩护人、诉讼代理人以及其他知悉未成年人犯罪记录的个人。其中，特别是被害人、自诉人附带民事诉讼原告人和被告人等当事人以及辩护人、诉讼代理人应当对未成年人犯罪记录严格保密。因为根据《刑事诉讼法》第202条的规定，判决书必须送达当事人以及辩护人、诉讼代理人。换言之，当事人以及辩护人、诉讼代理人有详细记载未成年人犯罪记录的诉讼文书。如果这些诉讼参与人不严格保密这些诉讼文书，封存未成年人的犯罪记录将根本无法实现。上述机关、单位、组织以及个人如果违法公开了未成年人犯罪记录，还应当追究相关的法律责任。

此外，还需要注意的是，应当将未成年人轻罪犯罪记录封存的适用主体与一些地方司法实务部门探索的未成年人轻罪犯罪记录消灭或者未成年人相对不起诉污点限制公开的决定主体相区别。如前所述，在实践中，"未成年人轻罪犯罪记录消灭制度"的决定机关有五种模式：一是法院决定；二是司法行政部门决定；三是综治办决定；四是联席会议决定；五是审查委员会决定。"未成年人相对不起诉污点限制公开制度"则由检察院负责实施。但是，根据《刑事诉讼法》的规定，封存未成年人犯罪记录不需要有关机关决定，只需要

---

① 《刑事诉讼法》第264条规定："对未成年犯应当在未成年犯管教所执行刑罚。"
② 王丽丽、苏文海：《管护教育300余人无一重新犯罪》，载《检察日报》2012年2月5日第1版。

由有关机关、组织或者个人封存未成年人的犯罪记录。而目前一些地方探索的是未成年人犯罪记录"消灭"制度，而非"封存"制度，而"消灭"未成年人犯罪记录则存在决定主体的问题。

至于未成年人相对不起诉或者附条件不起诉记录封存制度的适用主体也应参照轻罪犯罪记录封存的适用主体，包括：人民检察院、公安机关；知晓未成年人犯罪记录的有关组织或者单位；当事人、诉讼代理人、辩护人以及其他知悉未成年人犯罪记录的个人。

二、适用程序

《刑事诉讼法》对于未成年人轻罪犯罪记录封存制度的适用程序也未作任何规定。为保证该制度的有效实施，防止有关机关之间"推诿"，相关司法解释或者规范性文件应当对其适用程序予以补充规定。

笔者认为，该制度的适用程序主要应当包括以下四步：第一步，人民法院在对被判处 5 年有期徒刑以下刑罚的未成年人案件作出判决时或者人民检察院在未成年人案件作出相对不起诉决定、附条件不起诉决定时，同时依职权[①]作出《未成年人犯罪记录封存书》或者《未成年人不起诉记录封存书》。第二步，人民法院在向有关单位和个人送达判决书的同时还应送达《未成年人犯罪记录封存书》，并将《未成年人犯罪记录封存书》送达公安机关[②]以及

[①] 需要特别注意的是，根据《刑事诉讼法》的规定，对被判决 5 年有期徒刑以下刑罚的未成年人犯罪记录进行封存并不需要未成年人及其法定代理人的申请，而是由有关机关依职权作出。在司法实践中，一些地方司法实务部门试行的未成年人轻罪犯罪记录消灭通常是需要由未成年人及其法定代理人提出申请。

[②] 之所以还特别强调要单独将《未成年人犯罪记录封存书》送达公安机关，是因为根据《刑事诉讼法》的规定，判决书不需要送达公安机关。然而，公安机关却是封存未成年人犯罪记录的重要部门。公安机关不仅有权确定重点人口管理的对象，还有权出具有无犯罪记录的证明。

其他有关单位或者个人；人民检察院在送达《不起诉决定书》时，同时送达《未成年人不起诉记录封存书》。第三步，有关机关和单位在接收到《未成年人犯罪记录封存书》或者《未成年人不起诉记录封存书》后，应当根据档案管理制度对未成年人的犯罪记录进行密封保存；有关个人在接收到《未成年人犯罪记录封存书》或者《未成年人不起诉记录封存书》后应当对有关未成年人犯罪记录的诉讼文件及相关材料保密。第四步，有关机关、单位和个人如果未依法封存未成年人的犯罪记录，未成年人及其法定代理人可以提起民事诉讼。

在适用程序的完善上，还需要注意以下两个问题：首先，关于犯罪记录封存的方式，即依法律规定、依职权还是依申请。根据《刑事诉讼法》的规定，未成年人犯罪记录封存是由有关机关依职权进行，而无须当事人及其法定代理人申请进行。这与我国司法实践中普遍试行的未成年人轻罪犯罪记录消灭采用依当事人申请消灭存在本质上的不同。其次，犯罪记录封存是否有考察期限的问题。根据《刑事诉讼法》的规定，未成年人犯罪记录封存没有考察期限。换言之，只要是被判处5年有期徒刑以下的未成年人，有关机关就应当封存其犯罪记录，而不得再设置一定的考察期限，根据其考察期限的表现再决定是否封存其犯罪记录。这与司法实践中试行的未成年人轻罪犯罪记录消灭设置期限不一的考察期限也存在本质的不同。

第四节　犯罪记录封存制度的法律效力

法律效力是犯罪记录制度的核心问题，它决定了该制度的实施效果和现实意义，但同时也是当前争议最大的问题。"司法实践中，犯罪记录封存效力不明是阻碍封存制度发挥作用的最大瓶颈。"①2018年《刑事诉讼法》第286条第2款规定:"犯罪记录被封存的,不得向任何单位和个人提供,但司法机关为办案需要或者有关单位根据国家规定进行查询的除外。依法进行查询的单位,应当对被封存的犯罪记录的情况予以保密。"据此,犯罪记录封存制度的法律效力在于"不得向任何单位和个人提供"。但有两个例外,一是"司法机关为办案需要";二是"有关单位根据国家规定"。可见,如何理解与解释这两个例外则成为犯罪记录封存制度法律效力的关键。

一、法教义学方法论的导入②

作为一种研究方法,法教义学在与其他方法特别是社科法学的争论与激辩中日渐获得认可与提倡。③什么是法教义学?我国法学界已进行了较为充分的介绍和研究。一般认为,法教义学主要包括以下三个方面:"一是对现行有效法律的描述;二是对这种法律之概念、体系的研究;三是提出解决疑难的法律案件的建议。"④法教义学是"对由本国立法条文和司法案例中的法规范构成的实定法秩序做出体系化解释的法学方法。法教义学与其他法律解释方法的主要差别,体现在对实定法秩序体系化解释的司法中心主义"⑤。法教义学可以从两个角度来理解,即作为知识的法教义学与作为方法的法教义学。作为

---

① 宋英辉、杨雯清:《我国未成年人犯罪记录封存制度研究》,载《国家检察官学院学报》2019年第4期。
② 参见曾新华:《审判委员会讨论决定权的法教义学阐释》,载《法学杂志》2019年第11期。
③ 参见陈兴良:《刑法教义学方法论》,载《法学研究》2005年第2期;许德风:《论法教义学与价值判断:以民法方法为中心》,载《中外法学》2008年第2期;张翔:《宪法教义学初阶》,载《中外法学》2013年第5期;雷磊:《法教义学与法治:法教义学的治理意义》,载《法学研究》2018年第5期。
④ [德]罗伯特·阿列克西:《法律论证理论——作为法律证立理论的理性论辩理论》,舒国滢译,中国法制出版社2002年版,第308页。
⑤ 凌斌:《什么是法教义学:一个法哲学追问》,载《中外法学》2015年第1期。

知识的法教义学是指关于一国现行实在法的知识体系。作为方法的法教义学，是指"对现行实在法进行解释、建构与体系化。法律解释取向于实在法的客观意义；法学建构，尤其是借助于法律概念的建构，旨在从先前思维上孤立的部分中重构出整个法律制度；体系化则根据某个单一的理念来阐释和塑造整个法秩序的规范。它从令人信服的问题解决办法中提取出可反复使用且易于掌握的概念、制度和规则，并且尽可能经由稳定的解释惯例以避免无尽的究根问底，通过这种方式将内含于法律体系中的最新知识明确表达出来"①。简言之，法教义学是从规范出发，"一方面是解释，另一方面是建构与体系化"②。"体系化的目标就是使法律成为一个具备自我发展与再生能力的活体，通过洞悉这个活体的基本公理与原则、掌握各个组织器官的机能与协作方式、揭示概念、规则之间的内在关系，就可以从已知的原理与规则中推导出未知的规则，从而解决实践中的法律问题。"③总而言之，法教义学以规范为对象，以解释为方法，以体系为目标。

法教义学旨在实现法的安定性与法的融贯性，实现法治。法治是一个有很大争议的概念，但是"最低限度的法治"包含着两方面的要素："在价值目标上，它以法的安定性作为构成要素；在制度目标上，它以融贯法律体系的存在为基础条件。"④就法的安定性而言，法教义学"可以从可预测性、形式自由与平等以及保护公民免受国家权力的非法侵害三方面促进法的安定性，而这些功能源自法教义学的形式理性化特征及其受权威拘束的思维形式。对于缺乏形式理性传统的中国法治实践而言，一个可行的做法，就在于先在形式法治的层面建立最低限度的共识，以法的安定性作为

---

① 雷磊：《法教义学与法治：法教义学的治理意义》，载《法学研究》2018 年第 5 期。
② ［德］拉德布鲁赫：《法教义学的逻辑》，白斌译，载《清华法学》2016 年第 4 期。
③ ［德］萨维尼：《论立法与法学的当代使命》，许章润译，中国法制出版社 2001 年版，第 18 页。
④ 雷磊：《法教义学与法治：法教义学的治理意义》，载《法学研究》2018 年第 5 期。

法治的首要追求，避免法治进程中'法律的失灵'和'权威的失落'。而法教义学对于凝聚法律共识、树立法治权威而言，是不可或缺的"①。就法的融贯性而言，法教义学"能促进法律外部体系的逻辑严谨化""能促进法律内部体系的价值一致化""能通过重述法律体系实现理念的融贯化"。②

法教义学研究在刑法学领域已蔚然成风，③但在同为刑事法学重要分支的

---

① 雷磊：《法教义学与法治：法教义学的治理意义》，载《法学研究》2018年第5期。
② 参见雷磊：《法教义学与法治：法教义学的治理意义》，载《法学研究》2018年第5期。
③ 如陈兴良：《刑法教义学与刑事政策的关系：从李斯特鸿沟到罗克辛贯通》，载《中外法学》2013年第5期；时延安：《隐性双轨制：刑法中保安处分的教义学阐释》，载《法学研究》2013年第3期；冯军：《刑法教义学的先行思考》，载《法学研究》2013年第6期；张明楷：《也论刑法教义学的立场》，载《中外法学》2014年第2期；丁胜明：《刑法教义学研究的中国主体性》，载《法学研究》2015年第2期；陈兴良：《寻衅滋事罪的法教义学形象：以起哄闹事为中心展开》，载《中国法学》2015年第3期；陈兴良：《刑法教义学的发展脉络——纪念1997年刑法颁布二十周年》，载《政治与法律》2017年第3期；陈兴良：《刑法教义学的逻辑方法：形式逻辑与实体逻辑》，载《政法论坛》2017年第5期；刘艳红：《中国刑法教义学化过程中的五大误区》，载《环球法律评论》2018年第3期；王志祥：《终身监禁执行的刑法教义学思考》，载《法商研究》2018年第4期；姜涛：《行为不法与责任阻却："于欢案"的刑法教义学解答》，载《法律科学》2019年第1期；何萍、张金钢：《刑法目的解释的教义学展开》，载《法学论坛》2019年第1期；马荣春：《刑法教义学的新面相》，载《东方法学》2019年第1期；阎二鹏：《帮助犯因果关系：反思性检讨与教义学重塑》，载《政治与法律》2019年第2期；钱叶六：《防卫行为的结果伤及第三人的教义学分析》，载《法律科学》2019年第2期；杨绪峰：《损害商业信誉、商品声誉罪的教义学检讨》，载《政治与法律》2019年第2期；张苏：《扒窃犯罪构成要件的法教义学理解》，载《法学家》2019年第2期；刘伟琦：《处置型污染环境罪的法教义学分析》，载《法商研究》2019年第3期；夏伟：《走出"共犯与身份"的教义学迷思："主从犯体系"下身份要素的再定位》，载《比较法研究》2019年第3期；徐万龙：《不作为犯中支配理论的法教义学批判》，载《现代法学》2019年第3期；劳东燕：《滥用职权罪客观要件的教义学解读——兼论故意·过失的混合犯罪类型》，载《法律科学》2019年第4期；梁云宝：《从占有到取得：我国盗窃罪教义学结构的补正》，载《政治与法律》2019年第4期；车浩：《贿赂犯罪中"感情投资"与"人情往来"的教义学形塑》，载《法学评论》2019年第4期；劳东燕：《受贿犯罪的保护法益：公职的不可谋私利性》，载《法学研究》2019年第5期；梅传强、伍晋：《毒品犯罪死刑控制的教义学展开——基于122份二审死刑判决书的实证研究》，载《现代法学》2019年第5期；林贵文：《"轮奸"成立学说的法教义学批判与证成》，载《法律科学》2019年第6期；袁国何：《数罪并罚后犯新罪的罪刑失衡及其教义学出路》，载《法学》2019年第7期；王莹：《隐瞒真相型社保诈骗案之教义学解析》，载《法学》2019年第8期；周光权：《论中国刑法教义学研究自主性的提升》，载《政治与法律》2019年第8期；等等。

刑事诉讼法学中则还处于起步阶段。① 笔者认为，尽管存在刑事诉讼立法相对粗陋、法外因素经常致立法与实践相背离等问题，法教义学方法仍应成为当下刑事诉讼法学方法论的重要分支。目前占据主流地位的对策研究和实证研究（包括经验研究）方法为刑事诉讼法治发展和刑事诉讼法学繁荣作出了重大贡献。对策研究以法律的制定和修改完善为旨趣，对刑事诉讼法的每一次进步功不可没；实证研究则导入社会学、经济学、统计学等其他学科的方法，探求刑事诉讼法在实践中的运行状况以及制度与实践的距离，发现了其他方法难以发现的中国问题，提炼出了新概念和新理论。然而，任何一种研究方法都如同"盲人摸象"，只能感知刑事诉讼法这头"大象"的"部分肢体"。对策研究是从刑事诉讼法之上研究刑事诉讼法，实证研究是从刑事诉讼法之外研究刑事诉讼法，而法教义学则是从刑事诉讼法之中研究刑事诉讼法。以上三种研究方法应当相互协作、相互促进、缺一不可。法教义学方法对刑事诉讼法学至少具有以下三个方面的重要意义：

首先，法教义学是拉近刑事诉讼法学理论与实践的需要。在我国，法律移植不可避免，但副作用在于易使法学理论与法治实践脱节，呈渐行渐远之态势，刑事诉讼法学概莫能外。实务者指责研究者生硬地移植西方刑事诉讼法律制度，难以有效地指导司法实践。研究者则批评实务者缺乏理论思维和理论创新的自觉。造成双方各自为阵、相互指责局面的原因是多方面的。其

---

① 如万毅：《刑事诉讼法解释论》，载《中国法学》2007年第2期；汪海燕：《刑事诉讼法解释论纲》，载《清华法学》2013年第6期；程雷：《刑事诉讼法第73条的法解释学分析》，载《政法论坛》2013年第4期；杨文革：《刑事诉讼法上的类推解释》，载《法学研究》2014年第2期；李奋飞："作证却免于强制出庭"抑或"免于强制作证"？》，载《中外法学》2015年第2期；易延友：《非法证据排除规则的立法表述与意义空间》，载《当代法学》2017年第1期；李训虎：《逮捕制度再改革的法释义学解读》《法学研究》2018年第3期；史立梅：《逮捕必要性条件的法释义学分析》，载《法学杂志》2019年第3期，等等。

中研究者遵循对策论和立法论的研究路径是原因之一。但在成文法国家，法官和检察官只能严格遵守法律，"国家的法官无非是法律的代言人而已，他们对法律无能为力，既不能削弱其力量，也不能减轻其严峻"①"法官是宣布法律的喉舌，法律才是真正的法官"②。可见，只有信奉现有刑事诉讼法律规范，才能拉近研究者与实务者之间的距离，才能弥合理论与实践的裂痕。而法教义学则视法律规范为"圣经"，坚守"无规范不教义"，从现行实在法规范出发解释法律，总结和提炼出教义，拓展和发展法律，为法律适用特别是疑难案件提供规则产品。需要说明的是，法教义学中的"规范"并不仅仅限于实在法，还包括具有约束力的判例。法教义学"关切的是实定法的规范效力、规范的意义内容，以及法院判决中包含的裁判准则"③。可见，法教义学以司法为导向，以法律规范的理解与适用为旨归，将成为沟通法学理论与法治实践的通道，改变两者自说自话、自言自语的困境，为构筑法律职业共同体作出自己的贡献。

其次，法教义学是刑事诉讼法正确实施的需要。法律不应是嘲笑的对象，而应是解释的对象。囿于人类语言的"开放性结构"（Open Texture）④，法律文本不可能做到完美无缺、逻辑自洽，总会存在言不及义、言过其义等问题，因此"法律是一种阐释性的概念"⑤。为此法学的重要任务就是解决沉默不语的法律与变动不居的社会之间的矛盾。近些年来司法实践不断出现的争议案例表明，现行刑事诉讼法中同样有许多模棱两可的地方，亟待理论阐释。例如，在备受关注的某外籍被告人谢某走私毒品案中，一审法院以走私毒品罪

---

① ［法］孟德斯鸠：《论法的精神》，许明龙译，商务印书馆2007版，第171页。
② ［英］文斯坦莱：《文斯坦莱文集》，任国栋译，商务印书馆1982年版，第151页。
③ ［德］拉伦茨：《法学方法论》，陈爱娥译，商务印书馆2003年版，第77页。
④ 参见［英］哈特：《法律的概念》，许家馨、李冠宜译，法律出版社2006年版，第123页。
⑤ ［美］德沃金：《法律帝国》，李常青译，中国大百科全书出版社1996年版，第364页。

判处谢某有期徒刑15年，被告人提出上诉，二审法院裁定撤销原判发回重审。一审检察院补充起诉了被告人参与有组织国际贩毒活动、在犯罪中系主犯的犯罪事实，一审法院重审后以走私毒品罪改判被告人谢某死刑。其中该案发回重审后原审法院将15年有期徒刑改判死刑是否违反上诉不加刑原则，引起了法学界的激烈争论。这里的核心问题是对《刑事诉讼法》第237条第1款中"新的犯罪事实"的解释，究竟是指"新罪事实"还是"旧罪新事实"？其实，在刑事诉讼法学中，"犯罪事实"是刑事诉讼标的理论中的核心概念。然而不同于民事诉讼标的理论研究的繁荣，由于现行刑事诉讼法既不承认控审分离原则，也不认可一事不再理原则，刑事诉讼标的理论研究付之阙如。刑事诉讼标的由被告人与犯罪事实两部分构成，其中被告人容易判断，犯罪事实则成为识别刑事诉讼标的的关键。在大陆法系，犯罪事实的识别主要有两种学说：一是实体法学说即罪数说，意指犯罪事实的个数取决于罪名的个数；二是诉讼法学说即事件说，是指"一个具体的事件，即一个相同的历史进展过程"[①]。无论是体系解释还是目的解释，该条文中"犯罪事实"应采实体法学说即罪数说，才不至于架空上诉不加刑原则。

最后，法教义学是刑事诉讼法解释学升级的需要。法教义学不等同于法解释学。因为法教义学不止步于解释法律，更重要的是在于从现有规范出发，通过体系化构建，弥补法律漏洞，提炼出来源于实定法但又超越实定法的"教义"。简言之，法教义学有别于法解释学的地方主要在于"漏洞补充"。所谓漏洞补充是指"法律对于应规定之事项，由于立法者之疏忽、未预见或情况变更，致就某一法律事实未设规定，造成'法律漏洞'，应由司法者予以补充而言"[②]。这是"法律解释学所不具有的功能，也是法教义学的优势之

---

① 林钰雄：《刑事诉讼法学（上册）》，中国人民大学出版社2005年版，第217页。
② 杨仁寿：《法学方法论》，中国政法大学出版社1999年版，第100页。

所在"①。现行《刑事诉讼法》共计 308 条，司法解释以及规范性文件条文多达 2000 余条，但这并不意味着刑事诉讼法规范已经体系化，仍存在许多漏洞，需要通过法教义学方法提炼出"教义"予以填补。例如，吉林省辽源市王某（原系辽源市中级人民法院法官）民事枉法裁判案备受社会各界关注。2018 年 11 月吉林高院依据 2018 年《刑事诉讼法》第 27 条②和 2012 年最高人民法院《关于适用〈中华人民共和国刑事诉讼法〉的解释》（以下简称《刑诉解释》）第 18 条③将王某民事枉法裁判案指定吉林通化中院依照刑事第二审程序审判。指定异地审理有助于实现程序公正和实体公正，但是能否指定第二审案件的审理法院引发新的争议。正如吉林高院立案庭负责人坦言："目前在司法实践中，还没有案件进入二审阶段后再指定管辖的先例。"这涉及对《刑事诉讼法》第 27 条中后一个"案件"的解释，是仅限于"第一审刑事案件"，还是包括"第二审刑事案件"？笔者认为，这属于指定管辖制度中的法律漏洞，需要进行体系化建构予以补充。《刑事诉讼法》第 27 条规定了两类指定管辖，前段可称之为"不明型"，后段可称之为"其他型"。但该条规定过于粗疏，还应当结合相关司法解释予以体系化理解。《刑诉解释》还规定了三类指定管辖，分别是第 16 条的"不宜型"④，第 17 条的"争议型"⑤，第 18

---

① 车浩：《刑法教义的本土形塑》，法律出版社 2017 年版，陈兴良序第 4 页。
② 《刑事诉讼法》第 27 条规定："上级人民法院可以指定下级人民法院审判管辖不明的案件，也可以指定下级人民法院将案件移送其他人民法院审判。"
③ 《刑诉解释》第 18 条规定："上级人民法院在必要时，可以指定下级人民法院将其管辖的案件移送其他下级人民法院审判。"
④ 《刑诉解释》第 16 条规定："有管辖权的人民法院因案件涉及本院院长需要回避等原因，不宜行使管辖权的，可以请求移送上一级人民法院管辖。上一级人民法院可以管辖，也可以指定与提出请求的人民法院同级的其他人民法院管辖。"
⑤ 《刑诉解释》第 17 条规定："两个以上同级人民法院都有管辖权的案件，由最初受理的人民法院审判。必要时，可以移送被告人主要犯罪地的人民法院审判。管辖权发生争议的，应当在审理期限内协商解决；协商不成的，由争议的人民法院分别层报共同的上级人民法院指定管辖。"

条的"必要型"。其中"必要型"中,指定管辖法院只能是对案件有管辖权的上级法院。而"必要型"其实就是《刑事诉讼法》第 27 条规定的"其他型",都属于兜底类型。据此,可以提炼出"必要型"或者"其他型"指定管辖的"教义"——指定管辖法院必须是对该案件享有管辖权,否则无权指定管辖。而在本案中,根据《刑事诉讼法》的规定,上级法院管辖下级法院管辖的案件或者下级法院移送上级法院管辖的案件都只能是第一审案件,吉林高院对王某民事枉法裁判第二审案件并没有管辖权,当然也就没有权力指定下级法院辽源中院将该案件移送通化中院管辖。吉林高院依据《刑诉解释》第 18 条指定管辖属于明显的法律适用错误。可见,《刑事诉讼法》第 27 条中后一个"案件"只能限缩解释为"第一审刑事案件"。

综上,以规范为对象、以解释为方法、以体系为目标的法教义学有助于拉近刑事诉讼法学理论与法治实践的距离,有助于确保刑事诉讼法的正确实施,有助于弥补刑事诉讼法律漏洞。

二、"司法机关为办案需要"的法教义学分析

"司法机关为办案需要"是指"当司法机关办理具体案件需要从未成年犯罪嫌疑人、被告人的犯罪记录中获取线索及有关定罪量刑的信息时,可查询其犯罪记录"。[①] 如果不是基于"办案需要",即便是司法机关也无权查询。《刑事诉讼法》之所以规定这一例外,是正确查明案件事实,维护国家、社会和个人合法利益的需要。同时也是《联合国少年司法最低限度标准规则》规定的例外,即"应仅限于与处理手头上的案件直接有关的人员或其他经正式授权的人员才可以接触这些档案"。这在于"在关系档案或者案卷的相互冲突利

---

① 王爱立主编:《中华人民共和国刑事诉讼法释义》,法律出版社 2018 年版,第 604 页。

益之间取得平衡，即加强控制的警察、检察机关和其他当局的利益同少年罪犯的利益"。①

对于"司法机关"的范围，现行《宪法》和法律均未明确规定，但根据有关法律、中央文件以及学术界的主流观点，中国的司法机关通常仅指人民检察院和人民法院。②但是，在这里，"司法机关"应作广义理解，即包括人民法院、人民检察院和公安机关。2012年修改《刑事诉讼法》时新增的多个条款中的"司法机关"均不仅包括人民法院和人民检察院，还包括公安机关。③

在此，争议最大的问题是被封存的犯罪记录能否被司法机关基于"办案需要"进行查询从而认定特殊累犯和毒品再犯？

第一种意见认为，"办案需要"查询就是为了使用被封存的信息，当然可以成立特殊累犯和毒品再犯。"根据《刑事诉讼法》第27条（注：原文如此，应为第286条）的规定所保留的查询规则，已然说明未成年人犯罪记录封存制度仅是第一阶段的封存，公务主体基于立法规定依然可以查询，查询本质上就是为了使用信息。因此，再次犯罪时可以成立特殊累犯或毒品再犯。"④

第二种意见则认为，不得为了"办案需要"查询已封存的犯罪记录，当然不成立特殊累犯和毒品再犯。"根据保护未成年人合法权益的立法精神，不

---

① 《联合国少年司法最低限度标准规则》第21条的"说明"。
② 参见陈光中等：《中国司法制度的基础理论问题研究》，经济科学出版社2011年版，第12~16页；陈光中、崔洁：《司法、司法机关的中国式解读》，载《中国法学》2008年第2期。
③ 如现行《刑事诉讼法》第117条第1款规定："当事人和辩护人、诉讼代理人、利害关系人对于司法机关及其工作人员有下列行为之一的，有权向该机关申诉或者控告：（一）采取强制措施法定期限届满，不予以释放、解除或者变更的；（二）应当退还取保候审保证金不退还的；（三）对与案件无关的财物采取查封、扣押、冻结措施的；（四）应当解除查封、扣押、冻结不解除的；（五）贪污、挪用、私分、调换、违反规定使用查封、扣押、冻结的财物的。"
④ 于志刚：《犯罪记录制度的体系化建构》，载《中国社会科学》2019年第3期。

宜查询已经封存的犯罪记录。刑法将不满十八周岁的人排除在累犯之外的规定，使得司法机关办理成年人犯罪时，不能查询其未成年时已经封存的犯罪记录。"① 在以下两个案例中，法院判决认为被封存的犯罪记录不作为毒品再犯和数额减半犯罪的依据。

【案例1】姚某贩卖毒品案②

被告人姚某2011年7月22日因犯贩卖毒品罪被判处有期徒刑6个月（犯罪时未成年），2013年1月29日因涉嫌贩卖毒品罪被逮捕，重庆市垫江县人民检察院以被告人姚某犯贩卖毒品罪，且系毒品再犯提起公诉，垫江县人民法院认为姚某之前犯罪时未满18岁，公诉机关指控姚某系毒品再犯不符合法律有关规定，故不予认定毒品再犯。判决生效后，重庆市人民检察院第三分院向重庆市第三中级人民法院提出抗诉，认为原审被告人姚某系毒品再犯，应当从重处罚，原审法院对毒品再犯情节未予以认定，属于法律适用错误，量刑不当。重庆市第三中级法院经审理认为，原审判决认定原审被告人姚某犯贩卖毒品罪的事实清楚，证据充分，量刑适当，审判程序合法。关于抗诉机关抗诉提出"姚某曾因犯贩卖毒品罪被判过刑，又犯贩卖毒品罪，系毒品再犯，应当从重处罚"的理由，经查，虽然抗诉机关举示了原审被告人未满18周岁前因犯贩卖毒品罪被判过刑的证据，但2012年修改后的《刑事诉讼法》第275条第1款规定："犯罪时不满十八周岁，被判处五年有期徒刑以下刑罚的，应当对相关犯罪记录予以封存。"该条第2款规定："犯罪记录被封存的，不得向任何单位和个人提供，但司法机关为办案需要或者有关单位根据国家规定进行查询的除外。依法进行查询的单位，应当对被封存的犯罪记录

---

① 缐杰：《未成年人犯罪记录既已封存不宜查询》，载《检察日报》2014年12月7日第3版。
② 参见最高人民法院刑事审判第一、二、三、四、五庭主办：《刑事审判参考》（总第100集），法律出版社2015年版，第91~96页。

的情况予以保密。"根据该条规定的精神和刑法从旧兼从轻原则,本案即使是司法机关办案需要,也应对被封存的未成年人犯罪记录的情况予以保密,故也不得将封存的未成年人犯罪记录用作从重处罚的依据。因此,抗诉机关提出姚某系毒品再犯,应当从重处罚的抗诉理由,不予支持。据此,依照《刑事诉讼法》第245条第1款、第225条第1项之规定,重庆市第三中级法院裁定驳回抗诉,维持原判。

【案例2】聂某章故意伤害案①

2014年8月21日凌晨,聂某章和同案人黄某在汕头市金凤路南墩附近,因与被害人刁某、侯某等人交谈时发生冲突而打架。黄某在附近大排档拿了两把菜刀与聂某章分别持刀砍伤刁某、侯某。经鉴定,侯某、刁某伤情均构成轻伤一级。2014年9月3日晚10时多,由聂某章驾驶一辆无牌摩托车载黄某逃窜到汕头市金陵路步行街路段寻找作案目标,见被害人许某手拿一个黑色手提包在步道上行走,便由黄某下车尾随,聂某章驾车在附近接应。黄某趁其不备动手抢许某的手提包,因许某抓紧提包,黄某用力拉扯致许某摔倒在地受伤(经鉴定为轻微伤)。得手后,黄某迅速坐上聂某章的摩托车逃离现场。被抢包内有现金700元、一部联想手机(经鉴定价值230元)、一部华为手机(经鉴定价值939元)及钥匙等物。汕头市金平区人民法院经审理认为,被告人聂某章伙同同案人故意伤害他人身体,致两被害人轻伤,其行为侵犯了公民的人身权利,已构成故意伤害罪。聂某章如实供述自己的故意伤害罪行,可以从轻处罚。聂某章在本案中不属于前有犯抢劫罪情形,其抢夺数额未达到刑事追究数额,不应认定构成抢夺罪。依照相关法律规定,判决被告人聂某章犯故意伤害罪,判处有期徒刑1年9个月。一审宣判后,汕头市金

---

① 参见沈启勇:《聂某章故意伤害案——已封存的犯罪记录不应在成人诉讼中使用》,载《人民司法·案例》2016年第32期。

平区人民检察院提出抗诉。检察机关抗诉意见认为，累犯排除是在前罪上对未成年人利益实施最大化保护的体现，而非对其前罪判决的消灭。未成年人前科封存的实质是前科相对保密，而非前科消灭，本案聂某章在18周岁后再次抢夺，应适用最高人民法院、最高人民检察院《关于办理抢夺刑事案件适用法律若干问题的解释》第2条的规定。二审法院认为，对于被封存的未成年犯罪记录，司法机关即使出于办案需要进行查询，也应依法予以保密。结合我国对未成年人特别保护的立法精神，原判认定原审被告人聂某章不构成抢夺罪，并无不当。因此，二审法院裁定驳回抗诉，维持原判。

笔者认为，从法教义学上分析，仅从"办案需要"得不出被封存的犯罪记录能否成立特殊累犯和毒品再犯的结论。

首先，从文义解释上看，"办案需要"指认定事实或者适用法律的需要。"文义解释，指依照法文用语之文义及通常使用方式而为解释，据以确定法律之意义而言。盖法律系社会生活之规范，为全体社会构成分子而设，故须以通常意义而为解释也。唯此仅为原则而已，苟法文之用语，与一般用语迥然不同时，仍须以其特有意义而为解释，固不待言。"[①] 法律解释"应以文义解释为先，有复数解释之可能性时，始继以论理解释或社会学的解释，就法文文义上可能之意义，加以限定之操作。"[②] 因此，文义解释是解释的起点。"办案"一词不仅是日常生活用语，更是法律用语。以《刑事诉讼法》为例，除了"办案需要"的表述外，还有"办案场所""办案期限""办案人员"等表述。但是，现行法律对于什么是"办案"没有明确规定。在日常生活语境中，"办案"即为"办理案件"，[③] 而办理案件要么是认定事实，要么是适用法律，"本

[①] 杨仁寿：《法学方法论》，中国政法大学出版社1999年版，第102页。
[②] 杨仁寿：《法学方法论》，中国政法大学出版社1999年版，第106页。
[③] 《现代汉语词典》（第七版），商务印书馆2016年版，第36页。

质上讲是寻找事实、寻找法律的过程"①"法官对任何案件都应进行三段论式的逻辑推理。大前提是一般法律,小前提是行为是否符合法律,结论是自由或者刑罚"②。在刑事司法中,适用法律指的就是定罪与量刑。而特殊累犯和毒品再犯均属于刑法规定的从重处罚的量刑情节。因此,从文义解释上来看,"办案需要"的例外意味着被封存的犯罪记录仍可以构成特殊累犯和毒品再犯。

其次,从体系解释上来看,被封存的犯罪记录是否成立特殊累犯和毒品再犯的问题应由《刑法》规定,而不应由《刑事诉讼法》规定。"以法律条文在法律体系上之地位,即依其编章节条项款之前后关连位置,或相关法条之法意,阐明规范意旨之解释方法,称为体系解释。此项解释方法能维护整个法律体系之一贯及概念用语之一致,在法解释上确具价值。盖每一法律规范,系属一个整体,其条文之解释,自亦应本诸论理的作用,就整个体系构造加以阐释,以维护各个法条之连锁关系。"③"文义解释是通过字面含义来拘束解释者,体系解释是通过刑法体系的协调性、形式性来拘束解释者,二者都重在通过解释的客观性、形式性来实现刑法的安定性。体系解释应该是紧随文义解释之后运用的解释方法。"④ 因此,体系解释是使法律之间相协调的最好解释方法,是实现正义的最佳方法。因为正义的核心是平等,它要求对所有人都应有一种统一的标准。体系解释使法律条文之间保持协调,使相同的行为得到相同的处理就是正义的,否则就是非正义的。法教义学中"法"并不局限于某一个具体的部门法,是一国现行实在法体系,是一国所有法律规范的总和。只有将一国所有实在法置于同一个体系之下,才能使该国实在法秩序

---

① 《中国政法实务大讲堂走进清华大学——最高人民法院院长周强为师生作专题讲座》,载《人民法院报》2019年11月7日第1版。
② [意]切萨雷·贝卡利亚:《论犯罪与刑罚》,黄风译,中国法制出版社2002年,第13页。
③ 杨仁寿:《法学方法论》,中国政法大学出版社1999年版,第107页。
④ 苏彩霞:《刑法解释方法的位阶与运用》,载《中国法学》2008年第5期。

成为一个具备自己发展、自我修复和再生能力的"活体",淡定从容地面对变动不居的社会生活和司法实践。法教义学"要以对一国现行实在法秩序保持确定的信奉为基本前提,这也是所谓的'教义'的核心要义所在"①。

我国《刑法》第3条规定了罪刑法定原则,即"法律明文规定为犯罪行为的,依照法律定罪处刑;法律没有明文规定为犯罪行为的,不得定罪处刑。"1997年在修订现行《刑法》时的主要考虑之一就是"制定一部统一的、比较完备的刑法典"。其中所谓"统一"就是指由该部《刑法》统一规定定罪与量刑问题。因此,《刑事诉讼法》虽然与《刑法》同属基本的刑事法律,但定罪量刑属于实体法问题,应当由《刑法》规定。我国《刑法》第65条明确规定了未成年人犯罪不构成一般累犯,但是并没有明确规定是否构成特殊累犯和毒品再犯。这在刑法学界存在很大的争议。笔者认为,未成年人犯罪不构成特殊累犯和毒品再犯。第一,《刑法》第65条第1款规定了一般累犯即"被判处有期徒刑以上刑罚的犯罪分子,刑罚执行完毕或者赦免以后,在五年以内再犯应当判处有期徒刑以上刑罚之罪的,是累犯,应当从重处罚,但是过失犯罪和不满十八周岁的人犯罪的除外",第66条规定了特别累犯即"危害国家安全犯罪、恐怖活动犯罪、黑社会性质的组织犯罪的犯罪分子,在刑罚执行完毕或者赦免以后,在任何时候再犯上述任一类罪的,都以累犯论处",两者是一般与特殊的关系。但显然《刑法》第66条并非完整法条,比如没有规定该种累犯"应当从重处罚"。但毋庸置疑,该类累犯更"应当从重处罚"。换言之,并不能因为《刑法》第66条没有规定就认定不适用,而应当结合一般累犯的规定进行全面理解。当该条没有规定的,应当适用《刑法》第65条第1款一般累犯的规定。因此,尽管《刑法》第66条没有规定"但

---

① [德]乌尔弗里德·诺依曼:《法律教义学在德国法文化中意义》,郑永流译,载郑永流主编:《法哲学与法社会学论丛》(第5辑),中国政法大学出版社2002年版,第17页。

是过失犯罪和不满十八周岁的人犯罪的除外"，但同样适用于特殊累犯。其次，根据《刑法》第74条和第81条第2款的规定，累犯不得适用缓刑和假释，但是没有规定毒品再犯不得适用缓刑和假释。根据"举重以明轻"的当然解释原理，①未成年犯不得适用更重的一般累犯和特殊累犯，当然不构成更轻的毒品再犯。

最后，从目的解释上来看，是否构成特殊累犯和毒品再犯均不背离犯罪记录封存的制度目的。目的解释乃解释方法之"桂冠"，任何解释结论如得不到目的解释的证成，恐怕难以让人信服。"只有目的论的解释方法直接追求所有解释之本来目的，寻找出目的观点和价值观点，从中最终得出有约束力的重要的法律意思；而从根本上讲，其他的解释方法只不过是人们接近法律意思的特殊途径。"②"与上述所有的法解释一样，在进行刑法解释时，结局是必须考虑刑法是为了实现何种目的，必须进行适合其目的的合理解释。文理解释、体系解释或者主观的解释，不能给予一义的解释时，或者即使暗示了某种解释时，必须由上述'目的论解释'来最终决定。刑法解释方法与其他解释方法的不同，只是刑法的目的与其他法领域的目的不同而已。"③"法律是原创者——企图创设完全或部分的法律规整之——意志的具体化，此中既有'主观的'想法及意志目标，同时也包含——立法者当时不能(全部)认识之——'客观的'目标及事物必然的要求。如果想充分了解法律，就不能不同时兼顾两者。"④"为目的解释时，不可局限于法律之整体目的，应包括个别

---

① 张明楷：《刑法学中的当然解释》，载《现代法学》2012年第4期。
② ［德］耶赛克、托马斯·魏根特：《德国刑法教科书（总论）》，徐久生译，中国法制出版社2001年版，第193页。
③ 张明楷：《刑法的基本立场》，中国法制出版社2002年版，第129页。
④ ［德］卡尔·拉伦茨：《法学方法论》，陈爱娥译，商务印书馆2003年版，第193页。

规定、个别制度之规范目的。"①2012年《刑事诉讼法》修改时，增设专章规定了"未成年人刑事案件程序"的特别程序。该章规定了未成年刑事案件的办理方针、原则和制度，旨在实现"教育、感化、挽救"的方针和"教育为主、惩罚为辅"的原则。而犯罪记录封存制度的立法目的在于"更有利于回归社会"。②是否构成特殊累犯和毒品再犯与未成年人回归社会的制度目的关联不大。

综上，"办案需要"的例外规定并不包括被封存的犯罪记录是否成立特殊累犯和毒品再犯的依据。

三、"有关单位根据国家规定"的法教义学分析

"有关单位根据国家规定"是指"在这种情况下，相关单位要查询犯罪记录，必须有相应的国家规定作为法律依据，只有确有国家规定确定的事由的，方能查询"。③对于"单位"的范围，《刑事诉讼法》未作明确规定，但可以参照《刑法》第30条关于单位犯罪的规定，"单位"包括公司、企业、事业单位、机关和团体。"公司、企业、事业单位"既包括国有的公司、企业、事业单位，也包括集体所有的公司、企业、事业单位以及合资或者独资的公司、企业、事业单位。"机关"是指国家机关。"团体"主要是指人民团体和社会团体。关于"国家规定"的范围，《刑事诉讼法》同样未作明确规定。④但是，《刑法》对"国家规定"的范围作了规定。《刑法》第96条规定："本法所称违反国家规定，是指违反全国人民代表大会及其常务委员会制定的法律和决

---

① 梁慧星：《民法解释学》，中国政法大学出版社1995年版，第227页。
② 王兆国：《关于〈中华人民共和国刑事诉讼法修正案（草案）〉的说明——2012年3月8日在第十一届全国人民代表大会第五次会议上》，载《人民日报》2012年3月9日第3版。
③ 王爱立主编：《中华人民共和国刑事诉讼法释义》，法律出版社2018年版，第604页。
④ 值得注意的是，一审稿中是"法律法规规定"，二审稿以及《刑事诉讼法》将其修改为"国家规定"。

定，国务院制定的行政法规、规定的行政措施、发布的决定和命令。"据此，该条文中"国家规定"具体是指：第一，全国人民代表大会及其常务委员会制定的法律和决定，包括全国人大通过的法律；由全国人大常委会通过的法律、决定以及对现行法律的修改和补充规定。第二，国务院制定的行政法规、规定的行政措施、发布的决定和命令，既包括由国务院直接制定的行政法规、规定的行政措施、发布的决定和命令，也包括国务院直属的有关部委制定的、经国务院批准并以国务院名义发布的。各级地方人民代表大会及其常务委员会制定的地方性法规以及国务院各部委制定的规章和发布的决定和命令都不属于"国家规定"。① 另外，根据2011年4月8日最高人民法院《关于准确理解和适用刑法中"国家规定"的有关问题的通知》，以国务院办公厅名义制发的文件，符合特定条件的，亦应视为刑法中的"国家规定"。② 对于该条中的

---

① 胡康生、郎胜主编：《中华人民共和国刑法释义》，法律出版社2006年版，第93页。
② 2011年4月8日最高人民法院《关于准确理解和适用刑法中"国家规定"的有关问题的通知》（法发〔2011〕155号）："全国地方各级人民法院、各级军事法院、各铁路运输中级法院和基层法院，新疆生产建设兵团各级法院：日前，国务院法制办就国务院办公厅文件的有关规定是否可以认定为刑法中的'国家规定'予以统一、规范。为切实做好相关刑事案件审判工作，准确把握刑法有关条文规定的'违反国家规定'的认定标准，依法惩治犯罪，统一法律适用，现就有关问题通知如下：一、根据刑法第九十六条的规定，刑法中的'国家规定'是指，全国人民代表大会及其常务委员会制定的法律和决定，国务院制定的行政法规、规定的行政措施、发布的决定和命令。其中，'国务院规定的行政措施'应当由国务院决定，通常以行政法规或者国务院制发文件的形式加以规定。以国务院办公厅名义制发的文件，符合以下条件的，亦应视为刑法中的'国家规定'：（1）有明确的法律依据或者同相关行政法规不相抵触；（2）经国务院常务会议讨论通过或者经国务院批准；（3）在国务院公报上公开发布。二、各级人民法院在刑事审判工作中，对有关案件所涉及的'违反国家规定'的认定，要依照相关法律、行政法规及司法解释的规定准确把握。对于规定不明确的，要按照本通知的要求审慎认定。对于违反地方性法规、部门规章的行为，不得认定为'违反国家规定'。对被告人的行为是否'违反国家规定'存在争议的，应当作为法律适用问题，逐级向最高人民法院请示。三、各级人民法院审理非法经营犯罪案件，要依法严格把握刑法第二百二十五条第（四）的适用范围。对被告人的行为是否属于刑法第二百二十五条第（四）规定的'其他严重扰乱市场秩序的非法经营行为'，有关司法解释未作明确规定的，应当作为法律适用问题，逐级向最高人民法院请示。"

"国家规定",必须予以严格限定,可以参照《刑法》第 96 条的规定。因为"同一法律中苟使用同一用语,或此一法律与他法律使用同一用语,若别无特别理由,亦宜作同一解释"[①]。同一用语"主张应作他种理解者,就此应特别说明其理由"[②]。2017 年最高人民检察院《未成年人刑事检察工作指引(试行)》第 85 条第 3 款规定:"前款所称国家规定,是指全国人民代表大会及其常务委员会制定的法律和决定,国务院制定的行政法规、规定的行政措施、发布的决定和命令。"2015 年北京市《关于未成年人犯罪记录封存的实施办法(试行)》和 2013 年《江苏省未成年人犯罪记录封存工作实施意见》均有类似的规定。因此,有关单位根据全国人民代表大会及其常务委员会制定的法律和决定以及国务院制定的行政法规、规定的行政措施、发布的决定和命令,可以查询被封存的未成年人犯罪记录。具体而言,"国家规定"主要包括《公务员法》《检察官》《法官法》《律师法》《教师法》《拍卖法》《会计法》《注册会计法》《公司法》《执业医师法》等法律法规以及司法解释。有犯罪记录的人员不得或者在一定期限内不得从事以下职业:公务员、检察官、法官、律师、拍卖师、会计师、注册会议师、公司的董事、监事和高级管理人员、执业医师等。根据《兵役法》,应征公民被羁押正在受侦查、起诉、审判的或者被判处徒刑、拘役、管制正在服刑的,不征集;依照法律被剥夺政治权利的人,不得服兵役。有关单位可以根据上述法律规定查询未成年人的犯罪记录。易言之,未成年人的犯罪记录即使被封存,仍将无法从事上述法律法规以及司法解释规定的特定职业。

笔者认为,以上解释只是对"有关单位根据国家规定"这一例外的文义解释。但是,"一般而言,单以文义解释,尚难确定法文的真正意义,益仅为

[①] 杨仁寿:《法学方法论》,中国政法大学出版社 1999 年版,第 102 页。
[②] [德] 卡尔·拉伦茨:《法学方法论》,陈爱娥译,商务印书馆 2003 年版,第 202 页。

文义解释易拘泥于法文字句，而误解或曲解法文的意义也。通常情形，尚须就法律与法律之间的关系、立法精神、社会变动情事等加以考虑，借以确定法文的意义，此即生论理解释的问题。法律条文可谓由'字句'组成，欲明确'确定'法律的意义，必先了解其用词遣字，确定其字句的意义，始能竟其功。唯仅为文义解释，只可谓其具有某程度之真理，亦即为解释之起点而已"①。简言之，文义解释最易望文生义、断章取义，文义解释的结果是否恰当应当经过体系解释和目的解释予以证成。

首先，从体系解释上看，该文义解释与我国《刑法》中规定的相关制度不相协调。体系解释是实现正义的最好方式，因为正义的核心要义在于平等。而体系解释就是追求平等。2011年2月25日，第十一届全国人大常委会通过了《刑法修正案（八）》。该修正案对未成年人犯罪与刑罚进行了重大的改革，不仅增加规定了不满18周岁的人犯罪被判处有期徒刑以上刑罚，在刑罚执行完毕或者赦免以后的任何时候重新犯罪的，不构成累犯，还增加规定了不满18周岁的人犯罪被判处5年有期徒刑以下刑罚，在入伍、就业的时候，免除向有关单位报告曾经受过刑事处罚的义务。根据未成年人前科免除报告制度，被判处5年有期徒刑以下刑罚的未成年犯在入伍、就业时不需要主动报告自己曾经受过刑事处罚的事实。但是，根据前述的文义解释，"有关单位"却可以根据"国家规定"查询该未成年犯的刑事处罚记录，这必然导致《刑法》规定的未成年人前科免除报告制度名存实亡。

其次，从目的解释上看，该文义解释与犯罪记录封存制度的立法目的"更有利于回归社会"背道而驰。目的解释使法律面对生活事实开放，通过解释的灵活性弥补因成文法的稳定性而带来的滞后性；还发挥了解释主体的主

---

① 杨仁寿：《法学方法论》，中国政法大学出版社1999年版，第102页。

观能动性，使解释者能够通过目的考量、价值判断与社会现实进行"衡平"，以避免因强调刑法的安定性而损害刑法的妥当性。因此，必须进行目的解释。无论是成年罪犯还是未成年罪犯，他们回归社会都面临着很多障碍，但就业歧视无疑是最大的障碍之一。根据该例外规定，"有关单位"可以根据"国家规定"查询被封存的未成年人犯罪记录，必然造成对该未成年犯就业上的歧视，明显不利于该未成年犯回归社会。该例外规定极易使该犯罪记录封存制度名存实亡、功亏一篑。[1] 虽然如此理解违反了文义，但是，"论理解释或社会学的解释结果，与文义解释结果相抵触时，如不超过文义或立法旨趣之'预测可能性'时，仍从论理解释或社会学的解释结果。换言之，在此场合，虽超出文义的'字句'，亦属无妨，但其极限，则须受文义或立法旨趣之'预测可能性'之限制。"[2]"当文义解释、体系解释与历史解释的结论存在多种可能性或相互冲突时，目的解释起最终决定作用""当目的解释的结论与文义解释、体系解释、历史解释相冲突时，目的解释的结论优先于其他解释方法结论"。[3] 当然，为了避免损害法律的安定性与法官解释的恣意，运用目的解释时，应当承担更多的论证义务：一是解释结论更符合正义性和妥当性；二是解释结论没有超出可能的文义；三是其他解释方法得出的结论不合理或者可以导致实质上的不公平。

综上，为了避免未成年人犯罪记录封存制度流于形式，该例外规定应当归于无效，建议刑诉法修改时取消该规定。

---

[1] 卢杰：《未成年人前科消灭遇职业准入障碍》，载《法制日报》2012年6月1日第5版。
[2] 杨仁寿：《法学方法论》，中国政法大学出版社1999年版，第106页。
[3] 苏彩霞：《刑法解释方法的位阶与运用》，载《中国法学》2008年第5期。

四、犯罪记录封存与无犯罪记录证明

未成年人轻罪犯罪记录封存后，该未成年人申请公安司法机关出具《无犯罪记录证明》，公安司法机关是否应当出具存在很大争议。[①] 一种观点认为，犯罪记录封存制度不等于前科消灭，且现行法律对此未作明确规定，故不得出具《无犯罪记录证明》。在以下两个案例中，公安机关起初均未出具《无犯罪记录证明》，最后是在有关机关积极协调后才出具了《无犯罪记录证明》。

【案例1】

1989年出生的小涛，是福建省第一个封存犯罪记录后，法院帮助开出无罪证明并找到工作的青年。2006年，时为福建省三明市某学校学生的小涛，因想骑摩托车，就与他人共同盗窃摩托车，后被公安机关抓获。法院考虑其作案时未满18周岁，且归案后协助公安机关抓获同案犯，具有立功表现，于2006年5月22日以盗窃罪，判处其罚金人民币8000元。后来，小涛找到一份司机的工作，用人单位要求开具无犯罪证明。三明市未成年人轻罪犯罪记录消灭工作小组已作出决定，对其刑事档案予以封存保管，免除其前科报告义务。小涛来到三元公安局申请开具无犯罪记录证明，但公安机关认为自己只有封存义务，可以不向有关用人单位出具犯罪记录，无权开具无犯罪记录证明。三元法院就此事通过政法委、市公安局协调，根据《三明市未成年人犯罪记录封存制度的实施细则（试行）》第16条的规定，为小涛开具了无犯罪记录证明。[②]

[①] 曾新华：《论未成年人轻罪犯罪记录封存制度——我国新〈刑事诉讼法〉第275条的理解与适用》，载《法学杂志》2012年第6期。

[②] 参见梅贤明：《为犯罪记录封存未成年人开无罪证明》，载《人民法院报》2014年3月28日第4版。

【案例2】

2017年3月3日下午,马鞍山市公安机关为犯罪记录被封存的未成年人出具首张"无犯罪记录证明",小雨因此顺利地被马鞍山某公司录用。2014年9月,小雨犯故意伤害罪,被马鞍山市花山区人民法院判处有期徒刑2年3个月,宣告缓刑3年。因其犯罪时不满18周岁,按《刑事诉讼法》的规定,其犯罪记录应当予以封存。小雨接受社区矫正期间,遵纪守法,表现良好。但其几次找工作时,均因用人单位要求出具"无犯罪记录证明",被拒之门外,小雨的情绪也出现波动。2019年2月,花山法院少年法庭法官对小雨进行回访了解上述情况后,在做好安抚工作的同时,也感到束手无策。3月3日上午,花山法院收到安徽省高级人民法院、省人民检察院、省公安厅、省司法厅、省人社厅等单位联合下发的《关于未成年人犯罪记录封存的实施办法(试行)》,该办法规定:"对于犯罪记录被封存的未成年人,在入伍、就业时免除犯罪记录的报告义务;犯罪记录被封存的未成年人因出国留学等合理事由申请为其出具无犯罪记录证明文件的,公安机关可以出具无犯罪记录证明文件。"接到该文件后,花山法院少年法庭法官在第一时间通知了小雨,并和相关部门进行了协调,小雨当天终于拿到了盼望已久的《无犯罪记录证明》。①

另一种观点则认为,应当出具《无犯罪记录证明》。如2017年3月最高人民检察院印发的《未成年人刑事检察工作指引(试行)》第88条的规定,被封存犯罪记录的未成年人本人或者其法定代理人申请为其出具无犯罪记录证明的,人民检察院应当出具无犯罪记录的证明。如需要协调公安机关、人民法院为其出具无犯罪记录证明的,人民检察院应当积极予以协助。2015年首都综治委预防青少年违法犯罪专项组、北京市高级人民法院、北京市人民

---

① 周忠富:《马鞍山为回头浪子出具首张"无犯罪记录证明"》,载 http://maszy.chinacourt.gov.cn/article/detail/2017/03/id/2572276.shtml,访问时间:2019年10月1日。

检察院、北京市公安局、北京市司法局、北京市教育委员会、北京市人力资源和社会保障局、北京市民政局、共青团北京市委员会《关于未成年人犯罪记录封存的实施办法（试行）》第17条规定："犯罪记录被封存的未成年人因就业、刑罚执行完毕后出境就学等合理事由，申请为其出具无犯罪记录证明文件的，公安机关应当出具无犯罪记录证明文件。"2019年广东省公安厅《关于申请办理无犯罪记录证明的规定》第11条规定："公安机关经查实后，确认申请人没有犯罪记录的，或者申请人犯罪时不满十八周岁，被判处五年有期徒刑以下刑罚的，依照《中华人民共和国刑事诉讼法》的相关要求属于犯罪记录封存情形的，出具无犯罪记录证明……"[①]2019年福建省公安厅《福建省公安派出所出具无犯罪记录证明工作规范（试行）》第14条规定："公民犯罪时不满十八周岁，被判处五年有期徒刑以下刑罚的，依法应当对相关犯罪记录予以封存。犯罪记录被封存的，不得向任何单位和个人提供，但司法机关为办案需要或者有关单位根据国家规定进行查询的除外。本人申请的，可向本人出具无犯罪记录证明。"[②]

　　笔者认为，从体系解释上看，《刑法》第100条免除了未成年犯的前科报告义务，前述"有关单位根据国家规定"的例外规定应当废除，公安司法机关理应出具《无犯罪记录证明》。从目的解释上看，也应当出具《无犯罪记录证明》。

[①] 参见 http://www.longchuan.gov.cn/zwgk/zdlyxxgk/gajgxx/4411762.html，访问时间：2019年10月1日。

[②] 参见 http://gat.fujian.gov.cn/zwgk/zxwj/stwj/201902/t20190211_4757968.htm，访问时间：2019年10月27日。

五、犯罪记录封存制度与其他规范性文件

实施未成年人犯罪记录封存制度除要协调与有关法律的关系外，还应当进一步处理好其与有关部门规章、规范性文件之间的关系。在实践中，该制度主要与公安部门和教育部门的有关规章或者规范性文件存在一定的冲突。从法律位阶上看，这些部门规章或者规范性文件的法律效力低于《刑事诉讼法》。在《刑事诉讼法》实施后，这些部门规章或者规范性文件应当予以修改。

首先，修改公安部《重点人口管理规定》。根据该规定，包括五大类共计20种人员属于公安机关重点管理的人员。其中第四类是"因故意违法犯罪被刑满释放、解除劳动教养不满五年的"。对于这些人员，公安机关会深入社区、街道、居委会或者村委会调查了解其基本情况，调查核实与其相关的信息材料，同时进行重点监控和定期帮助教育。实地调查显示，公安机关每个月会找这些重点人口谈话一次，每个月提交一份思想报告，每一季度进行一次集中教育。这一规定与未成年人犯罪记录封存存在矛盾，应当予以修改。同时，还应修改公安机关开具有无犯罪记录证明的规定以及有关户籍管理的规定，明确规定应当为被封存犯罪记录的未成年人开具无犯罪记录的证明以及在户籍中不得记载其犯罪记录。①

其次，修改教育部门的有关规定。犯罪记录封存后，未成年犯的教育权

---

① 如2004年，未满16岁的少年小丁因为参与一起抢劫犯罪被公安机关逮捕。由于小于在犯罪过程中属于从犯，情节轻微，卢湾区检察院最后作出了不起诉的决定，并对其犯罪记录采取了限制公开的措施。受益于"污点"封存，小于和正常人一样生活，之后也顺利地找到了一份厨师的工作。渐渐地，他也淡忘了那段荒唐的过往。可命运有时会捉弄人，一天，小于所在的酒店因为要接待重要来宾，于是酒店人事部门就对员工进行了背景调查。不仅如此，他们通过一定渠道了解到小于之前参与抢劫的事实。为此，单位扣发了他2007年全年的奖金，并要辞退他，理由是小于没有告诉单位他曾经被公安、检察机关采取过强制措施以及不被起诉的情况。参见陈鹏庭：《上海试点推广未成年人犯罪污点限制公开》，载《北京青年报》2009年6月15日第5版。

应当得到充分的保障。我国《教育法》《义务教育法》《高等教育法》等法律对于未成年犯是否可以复学以及升学并未作明确规定。在实践中，就高等教育而言，一般是按照教育部当年制定的普通高等学校招生工作规定和各地招生委员会的要求进行招生工作。根据笔者查阅相关文件，目前没有明确前科者不得上大学的规定，但是要求考生所有学校或者单位对受过刑事处罚、治安管理处罚或违纪处分的考生，要提供所犯错误的事实、处理意见和本人对错误的认识及改正错误的现实表现等翔实材料，并对其真实性负责。如教育部《2019年普通高等学校招生工作规定》第9条规定："思想政治品德考核主要是考核考生本人的现实表现。考生所在学校或单位（无工作单位的考生由所属的乡镇、街道办事处鉴定）应对考生的政治态度、思想品德作出全面鉴定，并对其真实性负责。鉴定内容应完整、准确地反映在考生报名登记表或省级招办另设的专门附加表中。对受过刑事处罚、治安管理处罚或其他违法违纪处理的考生，要提供所犯错误的事实、处理意见和本人对错误的认识及改正错误的现实表现等翔实材料，并对其真实性负责。"

第四章

犯罪记录封存之配套制度

未成年人犯罪记录封存制度是一个系统工作,绝非仅仅是封存犯罪记录而已,它还要一系列的配套制度。笔者认为,当前,至少应进一步完善未成年人帮教矫治制度和未成年人社会调查制度。在对未成年人的有关情况进行社会调查后,才能有针对性地对未成年人进行帮教矫治。只有当帮教矫治切实发挥了作用,未成年人才能得到有效的教育改造,才能真正回归社会。如此,未成年人犯罪记录封存就可能大胆地适用,切实发挥作用。

第一节 未成年人帮教矫治制度

未成年人帮教矫治制度通常是指对已被定罪处刑的未成年人,司法机关、有关机关、单位以及个人针对被告人本人情况进行帮助、教育,使其悔过自新,重走正途的制度。《刑事诉讼法》尽管设专章规定了"未成年人刑事案件诉讼程序",但是并没有专门规定未成年人帮教矫治制度。不过,相关司法解释已有相关原则性规定。如2010年8月,中央综治委预防青少年违法犯罪工作领导小组、最高人民法院、最高人民检察院、公安部、司法部、共青团中央六部门联合制定的《关于进一步建立和完善办理未成年人刑事案件配套工作体系的若干意见》对"对未成年犯罪嫌疑人、被告人的教育、矫治"进行了系统的规定。该意见规定："1.公安机关、人民检察院、人民法院、司法行政机关在办理未成年人刑事案件和执行刑罚时，应当结合具体案情，采取符合未成年人身心特点的方法，开展有针对性的教育、感化、挽救工作……2.公安机关应当配合司法行政机关社区矫正工作部门开展社区矫正工作，建立协作机制，切实做好未成年社区服刑人员的监督，对脱管、漏管等违反社区矫正管理规定的未成年社区服刑人员依法采取惩戒措施，对重新违法犯罪的未成年社区服刑人员及时依法处理。人民检察院依法对社区矫正活动实行监督。3.人民检察院派员出庭依法指控犯罪时，要适时对未成年被告人进行教育。4.在审理未成年人刑事案件过程中，人民法院在法庭调查和辩论终结后，应当根据案件的具体情况组织到庭的诉讼参与人对未成年被告人进行教育……5.未成年犯管教所可以进一步开展完善试工试学工作。对于决定暂予监外执行和假释的未成年犯，未成年犯管教所应当将社会调查报告、服刑期间表现等材料及时送达未成年人户籍所在地或居住地的司法行政机关社区矫正工作部门。6.司法行政机关社区矫正工作部门应当在公安机关配合和支持下负责未成年社区服刑人员的监督管理与教育矫治，做好对未成年社区服刑人员的日常矫治、行为考核和帮困扶助、刑罚执行建议等工作……7.各级司法行政机关应当加大安置帮教工作力度，加强与社区、劳动和社会保障、教育、民政、共青团等部门、组织的联系与协作，切实做好刑满释放、解除劳动教养未成年人的教育、培训、就业、戒除恶习、适应社会生活及生活保障等工作。"

除上述规定外，有关部门还应当总结一些地方的成功经验，在全国推广。

如"上海经验"①"瓮安经验"等。由于"上海经验"介绍的材料较多，笔者在此仅对"瓮安经验"作一简要的介绍。主要包括以下几个方面：②

一是以学校教育为主阵地，建立学校、家庭、社会"三位一体"帮教工作体系和"1+1+1"的工作机制。"三位一体"工作体系即将104名帮教对象的帮教责任全部落实到59名县乡领导、62名班主任和所有帮教对象家长，并由县帮教领导小组与各乡镇（村、社区）、学校（班级）、家长层层签订了帮教责任书，建立学校、家庭、社会三位一体的帮教工作体系。"1+1+1"帮教机制即对在校学习的帮教对象采取"1名学校负责人+1名教师+1名帮教对象"的模式；对不在校的帮教对象采取"1名党政领导+1个基层组织+1名帮教对象"的模式；对有特殊情况的帮教对象采取"1名教师+1名优秀学生+1名帮教对象"的模式，通过三个"1+1+1"工作机制的落实，使责任和措施真正不落空。

二是遵循青少年成长规律和青少年的特点，在全面加强思想、法制、道德心理、文化教育的同时，针对不同情况，突出重点，科学施教，使教育挽救工作具有针对性。各学校老师坚持在孩子入校、入班前，摸清他们的思想动态并结合之前的表现与其进行谈心、交流，开展思想、法制教育和心理辅导，引导和鼓励他们走出阴影，树立信心。学校设立法制教育办公室，加强经常性的法制教育。加强对老师的心理健康教育知识培训，设立心理咨询场所，开通心理咨询网和心理热线电话，安排每两周一堂心理健康课，建立学生心理健康档案系统。

三是加强跟踪帮教。瓮安县帮教办、有关学校组织加强对已考上大学在

---

① 郭剑烽、施坚轩：《专业办案　全面维权　社会帮教》，载《新民晚报》2012年5月22日第A10版。
② 参见崔亚东：《从贵州瓮安"6·28"事件看对违法青少年帮教推进社会管理创新》，载《中共贵州省委党校学报》2011年第1期（总131期）。

外地读书和已外出打工的帮教对象跟踪帮教，利用节假日、暑期他们返乡之机召开座谈会，了解帮教对象学习、生活、工作情况，及时对其进行帮助、教育，巩固帮教成果，确保帮教工作不脱节。

四是建立青少年帮教常态化工作机制。将原县帮教办公室为常设办事机构，定编6人，配齐配强工作人员，并将工作经费纳入了县级财政预算。

五是完善全县青少年帮教工作网络体系。各乡（镇）、学校也都成立领导小组及办公室，明确专兼职工作人员；成立"家长学校""学校家长委员会"等并完善了运作模式；完善了帮教工作档案，按照"一人一策"的模式有针对性地开展帮教工作。

第二节　未成年人全面调查制度

2012年《刑事诉讼法》修改时将未成年人刑事案件诉讼程序作为四大特别程序之一予以专章规定。现行《刑事诉讼法》第279条规定："公安机关、人民检察院、人民法院办理未成年人刑事案件，根据情况可以对未成年犯罪嫌疑人、被告人的成长经历、犯罪原因、监护教育等情况进行调查。"笔者将这一规定概括为"未成年人刑事案件全面调查制度"（以下简称为"未成年人全面调查制度"）。[①] 该制度为公安司法机关贯彻"教育、感化、挽救"方针，正确处理未成年人刑事案件以及对未成年人进行教育、跟踪帮教提供了重要依据和路径。

---

① 一般将其称为"未成年人刑事案件社会调查制度"。但笔者对此名称有不同看法，更准确的名称应是"未成年人刑事案件全面调查制度"。对此笔者将在下文中详细分析。

一、关于全面调查的主体

《刑事诉讼法》第 279 条对调查主体作了规定，即为"公安机关、人民检察院和人民法院"。但是，对于调查主体是否仅限于公、检、法三机关仍存在很大争议。一种观点认为，仅限于上述机关；① 另一种观点则认为，除这些机关外，还包括接受这些机关委托的有关组织或者机构。②

其实，关于全面调查的主体，自实务部门探索该制度以来，就一直存在争议。在司法解释或者规范性文件以及地方性法规中，调查主体就五花八门。1991 年最高人民法院《关于办理少年刑事案件的若干规定（试行）》规定的是"人民法院"；1995 年公安部《公安机关办理未成年人违法犯罪案件的规定》规定的是"公安机关"；2001 年最高人民法院《关于审理未成年人刑事案件的若干规定》规定的是"控辩双方""人民法院委托的有关社会团体组织"和"人民法院"；2002 年《人民检察院办理未成年人刑事案件的规定》规定的是"人民检察院"；2010 年最高人民法院、最高人民检察院、公安部、国家安全部、司法部《关于规范量刑程序若干问题的意见》规定是"人民法院、人民检察院、侦查机关或者辩护人委托有关方面"；2010 年六部门《关于进一步建立和完善办理未成年人刑事案件配套工作体系的若干意见》规定的则是"未成年犯罪嫌疑人、被告人户籍所在地或居住地的司法行政机关社区矫正工作部门"。而《黑龙江省未成年人保护条例》《浙江省未成年人保护条例》《贵州省未成年人保护条例》等地方性法规规定的全面调查主体除"公安机关、人民检察院和人民法院"外，还包括这些机关委托的有关组织。此外，2011 年

---

① 参见陈光中主编:《〈中华人民共和国刑事诉讼法〉修改条文释义与点评》，人民法院出版社 2012 年版，第 382 页。

② 参见全国人大法制工作委员会刑法室编:《〈关于修改中华人民共和国刑事诉讼法的决定〉条文说明、立法理由及相关规定》，北京大学出版社 2012 年版，第 322 页。

8月30日中国人大网公布的《中华人民共和国刑事诉讼法修正案（草案）》曾将调查的主体限定为"人民法院"。①正因为如此，一些地方司法实务部门在探索该制度时调查主体模式也各不相同。概而言之，主要有以下几种：一是侦查机关调查；二是检察机关调查；三是辩护方调查；四是法院调查；五是基层司法所的社会矫正机构、未成年人保护组织、社会工作者等组织或者个人进行调查。

笔者认为，公安机关、人民检察院和人民法院可以进行全面调查，也可以委托有关组织进行全面调查，辩护人经公安机关、人民检察院和人民法院委托或者许可也可以进行全面调查。

首先，公安机关、人民检察院和人民法院可以进行全面调查。现在质疑法院行使全面调查权的理由主要包括："其一，法官行使的裁判权是消极、被动的，若亲自参加社会调查，便有损其公正、独立的外在形象。其二，法官亲自进行社会调查，有可能造成先入为主，无法给予被告人公正的处置。"②笔者认为，这并不能成为反对法院进行全面调查的理由。在职权主义诉讼模式中，法官中立的地位与法官行使调查权并不存在根本矛盾。在大陆法系国家，调查原则是刑事诉讼的基本原则之一。如《德国刑事诉讼法典》第244条规定："为了调查事实真相，法院应当依职权将证据调查延伸到所有的对于裁判具有意义的事实、证据上。"③《法国刑事诉讼法典》第310条规定："审判长享有自行作出决定的权力，依此权力，审判长得本着荣誉和良心，采取其认为有利于查明事实真相的一切措施。"④诚如有学者所言，"就刑事法领域而

---

① 该草案第271条规定："在法庭调查中，人民法院应当对未成年被告人的成长经历、犯罪原因、教育改造条件进行了解。"
② 杨雄：《未成年人刑事案件中社会调查制度的运用》，载《法学论坛》2008年第1期。
③ 《德国刑事诉讼法典》，李昌珂译，中国政法大学出版社1995年版，第101页。
④ 《法国刑事诉讼法典》，罗结珍译，中国法制出版社2006年版，第237页。

言，当事人平等更是遥不可及的'假设'，一般的被告与有'国家实力'做后盾的检警机关，实质上如何平等？如果执迷当事人平等的'假设'，反而会剥夺弱势被告的程序地位，使刑事诉讼成为丛林法则及弱肉强食的竞技场"①。在成年人案件中尚且强调法官的主动调查权，在作为特别程序的未成年人刑事案件中，未成年被告人是弱者中的弱者，要求控辩平等更只能是"假设"。只有更加强调法官的职权调查权，才能更好地维护未成年被告人的利益。而且，法院进行的全面调查并非为了证明被告人有罪，而主要是用于量刑以及采用何种矫正方式。有学者认为，本就应当由法官进行调查："从各国法律规定来看，人格调查的主体应该是法官。从法理上来说，人格调查结论对于量刑具有重大影响，委托他人调查难以确保其结论的真实性。法官作为刑罚裁量的主体，为保证量刑适当，应当对犯罪人的个人情况亲自调查，这种调查本身就是形成量刑结果的过程。"②因此，法院可以进行全面调查。

就侦查机关、检察机关进行全面调查而言，反对的理由主要是，"囿于自身所处的诉讼地位，与案件有着千丝万缕的利益牵连，所以，无法独立、公正地作出社会调查报告"③。笔者认为，这一理由同样不能成立。姑且不论任何人的调查活动都是主观的，难以完全中立，更重要的是全面调查报告即使作为证据，也只是一种"材料"，只有经过法定程序"查证属实，才能作为定案的根据"。可见，调查报告能否最终"升华"为"定案根据"，并不在于收集该证据的主体是否中立、客观，而在于是否经过法定程序查证属实。"正像我国的司法鉴定问题，《全国人大常委会关于司法鉴定管理问题的决定》中并没有因为要保持司法鉴定的中立性和独立性而完全把权力委任给社会机构……

---

① 林钰雄：《刑事诉讼法（上册）》，中国人民大学出版社2005年版，第63页。
② 陈兴良：《人格调查制度的法理考察》，载《法制日报》2003年6月4日第8版。
③ 杨雄：《未成年人刑事案件中社会调查制度的运用》，载《法学论坛》2008年第1期。

公安和检察机关积极进行全面调查,可以及时查明未成年犯罪者的特殊情况,尽早发现有利于未成年人定罪量刑的各种特殊因素,尽快地作出合适、合理的决定。"① 因此,侦查机关和检察机关也可以进行社会调查。

其次,有关组织接受公安机关、人民检察院和人民法院的委托也可以进行全面调查。从法律文本上看,《刑事诉讼法》第 279 条规定的调查主体只限于"公安机关、人民检察院和人民法院"。但是,如前所引,最高立法机关的下属部门却将其解释为,除公、检、法三机关外,还包括三机关委托的有关组织或者机构。这就涉及法律解释学说中"文本说"和"原意说"的分歧。"文本说"是指法律解释的目标在于探求法律文本本身的合理意思;"原意说"是指法律解释的目标在于探求立法者在制定法律时的意图和目的。但是,文本说因为"任何语言包括法律语言都不是精密的表意工作,都具有一种'空缺结构':每一字、词组和命题在其'核心范围'内具有明确无疑的意思,但随着由核心向边缘的扩展,语言会变得越来越不确定,在一些'边缘地带',语言则根本是不确定的"②而被质疑;原意说则因为"立法过程涉及不同的主体,交织着不同的主张和观点的争论和妥协,法律往往最终是通过使用可以包容不同意见甚至不同宗旨的模糊语言才得以通过"③而被批判。为此,"在法律解释活动中,立法原意、法律语义和解释者的理解(即历史先见或前理解)是三个不能互相替代的因素,它们构成三种不同的'视界',在确定法律文本的意思时,它们之间的关系是互相制约、互相互助的整合关系"④。因此,在解释法律时,应当综合考虑立法原意、法律语义和解释者的

---

① 奚玮:《未成年人刑事诉讼中的全面调查制度》,载《法学论坛》2008 年第 1 期。
② 参见哈特:《法律的概念》,张文显等译,中国大百科全书出版社 1996 年版,第 124~135 页。
③ 张志铭:《法律解释操作分析》,中国政法大学出版社 1999 年版,第 40 页。
④ 张志铭:《法律解释操作分析》,中国政法大学出版社 1999 年版,第 57 页。

理解，三者缺一不可。

就未成年人全面调查制度，从立法原意上来看，立法者规定该制度目的在于要求对未成年人的有关情况进行调查，以便对案件做出正确的处理。立法的侧重点在于调查，只要能调查清楚未成年犯罪嫌疑人、被告人的有关个人情况，不特别在乎由哪个机构具体操作。而且，从全国范围来看，社区矫正机构、社会工作者等有关组织或者职业发展并不平衡，目前只有在东部沿海城市较为完备。从立法上明确规定这些机构或者职业人士可以进行全面调查是不合适的。从法律文本上看，这些机构或者组织经公安机关、人民检察院和人民法院委托进行调查并不违反法律规定。此外，对未成年人的成长经历、家庭情况进行调查并不涉及公民基本权利的限制或者剥夺，所以这种调查并非一定要国家公权力机构进行。我国目前"案多人少"的现状以及全面调查的耗时等特征也迫切需要社会组织或者机构的介入。因此，接受委托的社会组织或者机构也可以进行全面调查。

最后，辩护人经公安机关、人民检察院和人民法院委托或者许可也可以进行全面调查。既然控方可以进行全面调查，从维系控辩平等角度上来看，作为辩护方的辩护人也可以进行调查。但是，辩护人应当在征得公安机关、人民检察院和人民法院同意后进行。这不仅是因为法律规定并没有直接赋予辩护人进行调查的权利，还因为尽管对未成年人进行调查并不涉及公民权利的限制或者剥夺，但仍有可能侵犯到有关人员的隐私。因此，辩护人进行调查必须经许可或者委托方可进行。

需要说明的是，全面调查主体的多样性并不意味着全面调查报告的多样性。对一个未成年犯罪嫌疑人、被告人原则上只能有一个调查报告。前阶段诉讼已完成了调查，后诉讼阶段原则上不需再调查。当然如果前诉讼阶段的调查有遗漏的，后诉讼阶段可以进行补充调查。而且，全面调查应当尽早开始,原则上应在侦查阶段进行。这样就可以为此后的审查批准逮捕、审查起诉、量刑、执行方式和矫治方式等所有阶段提供依据。

二、关于全面调查报告的法律性质

《刑事诉讼法》对于有关机关或者组织进行全面调查后出具的调查报告的法律性质未作明确规定。对于这一报告的法律性质,即能否作为证据使用,也存在重大分歧:一种观点认为只能作为办案参考材料,不能作为证据使用;[①]另一种观点则认为可以作为证据使用。[②]

其实,自各地探索该制度以来,对于未成年人全面调查报告的法律性质就一直存在重大分歧。认为其不能作为证据使用的理由主要有:一是全面调查的主要内容是反映未成年犯罪嫌疑人、被告人的成长经历和接受帮教的条件,而不是对作案事实的调查,与刑事诉讼过程中的诉讼证据不是一个概念。[③] 二是调查手段不成熟,报告内容可能不可靠。[④] 此外,《黑龙江省未成年人保护条例》第50条也规定,调查报告只能"作为办理案件的参考"。认为可以作为证据作用的理由主要有:一是原《刑事诉讼法》第42条第1款规定中的"案件事实"应当包括案件的行为事实和行为人事实。"行为人事实"是

[①] 参见全国人大法制工作委员会刑法室编:《〈关于修改中华人民共和国刑事诉讼法的决定〉条文说明、立法理由及相关规定》,北京大学出版社2012年版,第322页;李兰英、程莹:《新刑诉法关于未成年人刑事案件社会调查规定之评析》,载《青少年犯罪问题》2012年第6期。

[②] 参见宋英辉主编:《中华人民共和国刑事诉讼法精解》,中国政法大学出版社2012年版,第327页;田宏杰、庄乾龙:《未成年人刑事案件社会调查报告之法律属性新探》,载《法商研究》2014年第3期;刘计划、孔祥承:《未成年人社会调查报告法律性质之辨——兼谈建构刑证据规则的可能路径》,载《法学杂志》2018年第4期。

[③] 参见莫洪宪、邓小俊:《试论社会调查制度在检察机关办理未成年人刑事案件中的运用》,载《青少年犯罪问题》2010年第1期。

[④] 参见关仕新:《未成年人犯罪案件社会调查引争议 报告只供参考》,载《检察日报》2011年1月23日第2版。

反映行为人人格状况（主要是人身危险性或人格之恶性程度）的事实情况，属于"人格证据"或"品格证据"。①二是调查报告具有相关性、专业性和科学性、应用性，属于证据。②

笔者认为，调查报告属于证据。具体说来，在审查批准逮捕阶段，它是批捕必要性的证据；在审查起诉阶段，它是公诉必要性的证据；在审判阶段，它是量刑的证据；在执行阶段，它是执行和矫正方式的证据。

首先，调查报告符合《刑事诉讼法》中规定的证据概念。该法第50条第1款规定："可以用于证明案件事实的材料，都是证据。"这通常被认为刑诉法关于证据概念的界定。与1996年《刑事诉讼法》第42条第1款规定的"证明案件真实情况的一切事实，都是证据"相比，现行刑诉法对于证据概念作了以下两个方面的修改：一是将证据界定为"材料"，而不再是"事实"；二是将证据的证明对象由"案件真实情况"修改为"案件事实"。前者意味着证据不再限于"真"的事实，承认有"真"的证据，也有"假"的证据，而且还意味着证据在内容上不再局限于反映案件事实过程；后者则意味着证据的证明对象是"事实"，不限于实体法上的事实，还包括程序法上的事实。这一关于证据概念的修改与域外立法和证据法理论大致吻合。《俄罗斯联邦刑事诉讼法典》第74条规定："刑事案件的证据，是法院、检察长、侦查员、调查人员依照本法典规定的程序据以确定在案件办理过程中存在还是不存在应该证明的情况的任何材料以及对于刑事案件有意义的其他情况。"③域外证据法学理论也认为，"需要证实的事实由实体法上的事实和诉讼法上的事实组成"。④就

---

① 参见高维俭：《少年司法之社会人格调查报告制度论要》，载《环球法律评论》2010年第3期。
② 参见罗芳芳、常林：《〈未成年人社会调查报告〉的证据法分析》，载《法学杂志》2011年第5期。
③ 《俄罗斯联邦刑事诉讼法典》，黄道秀译，中国政法大学出版社2003年版，第63~64页。
④ ［日］田口守一：《刑事诉讼法》，刘迪等译，法律出版社2000年版，第220页。

未成年人全面调查报告而言，在审查批准逮捕阶段，它是用于证明批准逮捕或者不批准逮捕的程序法事实的证据；在审查起诉阶段，它是用于证明提起公诉或者不起诉的程序法事实的证据；在审判阶段，它是用于证明量刑的实体法事实的证据；在执行阶段，它是用于证明采用何种执行和矫治方式的程序法事实的证据。因此，从现行刑诉法关于证据定义的规定上看，调查报告属于证据。

其实，从严格意义上讲，无论是1996年《刑事诉讼法》第42条第1款还是现行《刑事诉讼法》第50条第1款的规定并不能算是证据的定义。从逻辑学的角度分析，"可以用于证明案件事实的材料，都是证据"，这是一个全称肯定判断，即"所有S是P"。在这个判断中，主项S是周延的，但是谓项P不周延。这就是说，所有S都是P，但是并非所有P都是S，因此，这个判断中的主项和谓项是不能颠倒的。① 例如，可以说"所有中国人都是人"，但不能据此得出结论"人就是中国人"。因此，"可以用于证明案件事实的材料，都是证据"，并不等于说，"证据"就是"可以用于证明案件事实的材料"。其实，综观世界各国刑事诉讼法，也只有俄罗斯等极个别国家给证据下定义。②

至于调查报告属于何种证据种类，也存在很大的争议。有论者认为是证人证言，也有论者认为是专家证据。笔者认为，调查报告目前难以准确归入新刑诉法规定的某一种证据种类之中。因为，全面调查报告与我国刑诉法的八类证据是根据不同标准所作的分类。"反映在案行为事实的刑事证据和反映行为人人格事实的刑事证据是按照证明内容而对刑事证据进行的基本分类，而八种法定刑事证据是按照证据形式（即来源、载体或获取方式等）而进行

---

① 参见何家弘、刘品新：《证据法学》（第二版），法律出版社2007年版，第112页。
② 参见陈光中主编：《证据法学》，法律出版社2011年版，第137~139页。

的分类。"① 因此，这八种法定刑事证据中的任何一种都可能包含反映案件行为事实的刑事证据，也可能包含反映行为人事实的刑事证据。换言之，全面调查报告可能包含法定证据的多个种类，甚至于全部种类。

其次，认为调查报告不是证据的观点混淆了证据与裁判根据的区别。证据与裁判根据之间有联系，也存在重大区别。证据有可能"升华"为裁判根据，但并不是所有证据都能成为裁判根据。第一，如前所述，从现行刑诉法关于证据概念的定义上看，证据只是材料，"证据必须经过查证属实，才能作为定案的根据"。调查报告只是一种材料，只能查证属实后才能作为定案的根据。第二，从证据法学理论上看，根据调查证据程序和方式的不同，可分为严格证明和自由证明。严格证明是指"对于攸关认定犯罪行为之经过、行为人之责任及刑罚之高度等问题的重要事项，法律规定需以严格方式提出证据"②。在严格证明中，证据要成为定案的根据，必须取得证据能力，"须在法律规定所准许的证据方法之范围内，并且依法律规定的调查证据程序践行之，两者同时具备时才是经过合法调查的证据，才取得证据能力"③。自由证明是指法院以相对较为自由的方式调查证据，主要适用于"对裁判只具诉讼上之重要性之事实认定"和"对除开判决以外之裁判中之事实认定"④。在自由证明中，尽管在证据方法和调查程序上并不特别设限，裁判者享有较为充分的选择自由，但仍需要对证据进行调查，在获取"可信性"后方能转化为裁判的根据，只不过是不拘束于法定的证据方法和严格的调查程序而已。作为证据的未成年人调查报告要成为裁判的根据，必须经过严格证明程序或者自由证

---

① 参见高维俭：《少年司法之社会人格调查报告制度论要》，载《环球法律评论》2010年第3期。
② ［德］克劳思·罗科辛：《刑事诉讼法》（第24版），吴丽琪译，法律出版社2003年版，第208页。
③ 林钰雄：《刑事诉讼法（上册）》，中国人民大学出版社2005年版，第384页。
④ ［德］克劳思·罗科辛：《刑事诉讼法》（第24版），吴丽琪译，法律出版社2003年版，第208页。

明程序。如果作为量刑证据的调查报告要成为裁判根据，必须经过严格证明程序即法定的证据方法和严格的调查程序（即调查人员在法庭上出庭接受质询）；而作为逮捕必要性、起诉必要性、执行和矫治方式等非实体法事实的证据的调查报告要最终成为裁判或决定的根据，也要经过自由证明程序。

最后，需要特别指出的是，调查报告不是定罪的证据。如前所述，尽管全面调查的内容并非完全是未成年犯罪嫌疑人、被告人的人格，但人格或者品格方面的调查是重点。因此，可以说，未成年人全面调查报告主要是品格证据。根据品格证据规则，一个人的品格或者一种特定品格的证据在证明这个人于特定环境下实施了与此品格相一致的行为上不具有关联性。[①]因此，未成年人全面调查报告不能作为认定被告人有罪的证据。

我国《刑事诉讼法》等法律以及一系列司法解释或者规范性文件"接力"保护未成年人，但是这些法律以及文件还应更"给力"。在制定关于《刑事诉讼法》实施的司法解释或者规范性文件时，应对相关重要问题予以补充规定，以防其沦为制度上的"花瓶"和实践中的"鸡肋"。

[①] 参见［美］乔恩·R. 华尔兹：《刑事证据大全》，何家弘译，中国人民公安大学出版社1993年版，第77~80页。

余 论

思想大师叔本华说过:"生活,也让别人生活。如果我们不这样做,那我们就是不公正的,我们也就等于向这个人发出了生死决斗的挑战。"对待有犯罪前科的人,倘若我们不能深切地关注他们的生存和生活,那么,就应该给他们像普通人一样畅通的生存生活渠道。对待未成年犯是如此,对待成年犯也应如此。

从长远来看,应当实现犯罪记录封存从"未成年人"到"成年人"的跨越。也就是说,不仅应当封存未成年人的犯罪记录,还应当封存成年人的犯罪记录。不过,封存成年人的犯罪记录更为复杂,必须在维护公共利益与保护犯罪人个人权益之间寻求一种平衡。"一方面,要考虑如何确定哪些情况可以终止犯罪记录查询,使犯罪人的前科归于消灭,以确保曾经犯罪者的权利受到尊重;另一方面,又需要合理筛选永久保留犯罪记录查询的范围,确保犯罪人的信息可以为公众所知,确保公共安全特别是易受犯罪侵害的人群可以据此得以自我保护。因此,在设置犯罪记录终止查询的适用范围时,应当具体分析犯罪人个人权益与社会公共利益孰轻孰重,只有后者重于前者时,方能禁止其犯罪记录终止查询。"① 诚如德国学者耶塞克所言:"必须在国家和社会可信赖的关于刑法判决信息手段的利益,与刑满释放人员的再社会化的利益之间找到平衡点。"②

为此,应对成年人犯罪记录封存作有别的差异化处理。首先,明确规定不得封存犯罪记录的范围,如危害国家安全犯罪、恐怖活动犯罪、黑社会性质的组织犯罪、毒品犯罪、性犯罪以及累犯,因杀人、放火、爆炸、抢劫、绑架等暴力性犯罪和严重破坏社会秩序被判处 10 年以上有期徒刑、无期徒刑和死刑的犯罪分子,数罪并罚被判处 20 年以上有期徒刑的犯罪分子。其次,对于其他判处 10 年有期徒刑以下犯罪分子的犯罪记录明确规定可以查询的期限,当期限届满,禁止再查询犯罪记录,封存其犯罪记录。如单处附加刑处罚的犯罪,查询期间可设为 1 年;判处 3 年以下有期徒刑、拘役、管制的轻微性犯罪,查询期间可设为 3 年;判处 7 年以下有期徒刑的犯罪,查询期间可设为 5 年;被判处 7 年至 10 年有期徒刑,查询期间可设为 7 年。

---

① 于志刚:《关于构建犯罪记录终止查询制度的思考》,载《法学家》2011 年第 5 期。
② [德]汉斯·海因里希·耶赛克、托马斯·魏根特:《德国刑法教科书(总论)》,徐久生译,法律出版社 2001 年版,第 1098 页。

参考文献

一、书籍类

1. ［德］耶赛克、托马斯·魏根特:《德国刑法教科书（总论）》，徐久生译，法律出版社 2001 年版。

2. 《朝鲜民主主义人民共和国刑法典》，金峰玉译，法律出版社 1956 年版。

3. 《辞海》，上海辞书出版社 1999 年版。

4. 《俄罗斯联邦刑事诉讼法典》，黄道秀译，中国政法大学出版社 2003 年版。

5. 《法学词典》编委会:《法学词典》，上海辞书出版社 1980 年版。

6. 《马克思恩格斯全集》（第 2 卷），人民出版社 1957 年版。

7. 《马克思恩格斯选集》（第 4 卷），人民出版社 1972 年版。

8. 《中国大百科全书》总编委会:《中国大百科全书》（第二版），中国大百科全书出版社 2009 年版。

9. ［德］哈贝马斯:《重建历史唯物主义》，郭官义译，社会科学文献出版社 2000 年版。

10. ［德］汉斯·海因里希·耶塞克、托马斯·魏根特:《德国刑法教科书》,徐久生译,中国法制出版社 2001 年版。

11. ［德］克劳思·罗科信:《刑事诉讼法》(第 24 版),吴丽琪译,法律出版社 2003 年版。

12. ［德］马克斯·韦伯:《经济与社会》(上卷),林荣远译,商务印书馆 1998 年版。

13. ［俄］别利亚耶夫、科瓦廖夫:《苏维埃刑法总论》,马改秀译,群众出版社 1987 年版。

14. ［美］A.P. 马蒂尼奇编:《语言哲学》,牟博、杨音莱、韩林合等译,商务印书馆 1998 年版。

15. ［美］D. 斯坦利·艾慈恩、杜格·A. 蒂默:《犯罪学》,谢正权等译,群众出版社 1999 年版。

16. ［美］E. 博登海默:《法理学:法律哲学与法律方法》,邓正来译,中国政法大学出版社 1999 年版。

17. ［美］丹尼斯·朗:《权力论》,中国社会科学出版社 2001 年版。

18. ［美］美国量刑委员会:《美国量刑指南》,王世洲等译,北京大学出版社 1995 年版。

19. ［美］乔恩·R. 华尔兹:《刑事证据大全》,何家弘译,中国人民公安大学出版社 1993 年版。

20. ［美］约翰·罗尔斯:《正义论》,何怀宏等译,中国社会科学出版社 1988 年版。

21. ［苏联］贝斯特洛娃:《苏维埃刑法总论》,中央人民政府法制委员会 1954 年版。

22. ［日］大塚仁:《刑法概说》(总论),冯军译,中国人民大学出版社

2003年版。

23.［日］大塚仁:《刑法新1日两派的理论》,日本评论社1983年版。

24.［日］田口守一:《刑事诉讼法》,刘迪等译,法律出版社2000年版,第220页。

25.［意］贝卡利亚:《论犯罪与刑罚》,黄风译,中国法制出版社2005年版。

26.［英］P.S.阿蒂亚:《法律与现代社会》,辽宁教育出版社、牛津大学出版社1998年版。

27.［英］边沁:《道德与立法原理导论》,时弘殷译,商务印书馆2000年版。

28.［英］休谟:《人性论》(上),关文运译,商务印书馆1991年版。

29.北京大学法学院编:《"少年司法改革前沿问题"研讨会会议材料》,2011年1月。

30.卞建林:《刑事起诉制度的理论与实践》,中国检察出版社1993年版。

31.卞建林主编:《刑事证明理论》,中国人民公安大学出版社2004年版。

32.陈光中、沈国峰:《中国古代司法制度》,群众出版社1984年版。

33.陈光中、严端主编:《中华人民共和国刑事诉讼法修改建议稿与论证》,中国方正出版社1999年版。

34.陈光中:《陈光中法学文集》,中国法制出版社2000年版。

35.陈光中等:《中国司法制度的基础理论问题研究》,经济科学出版社2010年版。

36.陈光中主编:《〈公民权利和政治权利国际公约〉与我国刑事诉讼》,商务印书馆2005年版。

37. 陈光中主编:《〈中华人民共和国刑事诉讼法〉修改条文释义与点评》,人民法院出版社 2012 年版。

38. 陈光中主编:《21 世纪域外刑事诉讼立法最新发展》,中国政法大学出版社 2004 年版。

39. 陈光中主编:《联合国打击跨国有组织犯罪公约和反腐败公约程序问题研究》,中国政法大学出版社 2007 年版。

40. 陈光中主编:《刑事诉讼法》(第三版),北京大学出版社、高等教育出版社 2009 年版。

41. 陈光中主编:《证据法学》,法律出版社 2011 年版。

42. 陈光中主编:《中华人民共和国刑事诉讼法再修改专家建议稿与论证》,中国法制出版社 2006 年版。

43. 陈光中主编:《中华人民共和国刑事证据法专家拟制稿(条文、释义与论证)》,中国法制出版社 2004 年版。

44. 陈国庆:《检察制度原理》,法律出版社 2009 年版。

45. 陈瑞华:《程序性制裁理论》,中国法制出版社 2005 年版。

46. 陈瑞华:《论法学研究方法》,北京大学出版社 2009 年版。

47. 陈瑞华:《刑事诉讼的前沿问题》(第二版),中国人民大学出版社 2005 年版。

48. 陈卫东主编:《模范刑事诉讼法典》,中国人民大学出版社 2000 年版。

49. 陈兴良:《新旧刑法比较研究》,中国人民公安大学出版社 1998 年版。

50. 陈兴良:《刑法哲学》(修订第三版),中国政法大学出版社 2004 年版。

51. 陈业宏、唐鸣:《中外司法制度比较》,商务印书馆 2000 年版。

52. 陈正云:《刑法的精神》,中国方正出版社 1999 年版。

53. 陈仲庚、张雨新:《人格心理学》,辽宁出版社 1986 年版。

54. 程滔:《辩护律师的诉讼权利研究》,中国人民公安大学出版社 2006 年版。

55. 程味秋、[加]杨诚、杨宇冠编:《联合国人权公约和刑事司法文献汇编》,中国法制出版社 2000 年版。

56. 崔敏:《呼唤法制文明:为健全诉讼法制呐喊》,警官教育出版社 1999 年版。

57. 樊崇义主编:《诉讼原理》,法律出版社 2003 年版。

58. 樊崇义主编:《刑事诉讼法实施问题与对策研究》,中国人民公安大学出版社 2001 年版。

59. 房传珏:《现代观护制度之理论与实际》,台湾三民书局 1977 年版。

60. 高憬宏:《减刑假释的法律适用与司法实践:中国欧盟法律和司法合作项目成果》,人民法院出版社 2005 年版。

61. 高铭暄、陈璐:《〈中华人民共和国刑法修正案(八)〉解读与思考》,中国人民大学出版社 2011 年版。

62. 高铭暄、赵秉志主编:《新中国刑法学研究 60 年》,中国人民大学出版社 2009 年版。

63. 高铭暄主编:《刑法专论》,高等教育出版社 2002 年版。

64. 葛琳:《刑事和解研究》,中国人民公安大学 2008 年版。

65. 巩富文:《中国古代法官责任制度研究》,西北大学出版社 2002 年版。

66. 顾昂然:《回望——我经历的立法工作》,法律出版社 2009 年版。

67. 顾昂然:《新中国改革开放三十年的立法见证》,法律出版社 2008 年版。

68. 顾永忠:《刑事上诉程序研究》,中国人民公安大学出版社 2003 年版。

69. 顾永忠主编:《中国疑难刑事名案程序与证据问题研究》,北京大学出版社2008年版。

70. 郭道晖、李步云、郝铁川主编:《中国当代法学争鸣实录》,湖南人民出版社1998年版。

71. 郭志媛:《刑事证据可采性研究》,中国人民公安大学出版社2004年版。

72. 哈特:《法律的概念》,张文显等译,中国大百科全书出版社1996年版。

73. 何家弘、刘品新:《证据法学》(第二版),法律出版社2007年版。

74. 何家弘主编:《中外司法体制研究》,中国检察出版社2004年版。

75. 何勤华主编:《20世纪外国司法制度的变革》,法律出版社2003年版。

76. 侯国云、白岫云:《新刑法疑难问题解析与适用》,中国检察出版社1998年版。

77. 胡铭:《刑事司法的国民基础研究》,浙江大学出版社2008年版。

78. 郎胜主编:《关于修改刑事诉讼法的决定释义》,中国法制出版社1996年版。

79. 李宝岳:《李宝岳文集》,中国公安大学出版社2010年版。

80. 李步云:《论法治》,社会科学文献出版社2008年版。

81. 李成智:《公共政策》,团结出版社2000年版。

82. 李纪东:《刑事政策学》,台湾"国立编译馆"1936年版。

83. 李士英主编:《当代中国的检察制度》,中国社会科学出版社1998年版。

84. 李伟民主编:《法学辞源(4)》,黑龙江人民出版社2002年版。

85. 李心鉴:《刑事诉讼构造论》,中国政法大学出版社1992年版。

86. 李玉华：《刑事证明标准研究》，中国人民公安大学 2008 年版。

87. 林钰雄：《检察官论》，台湾地区学林文化事业有限公司 2000 年版。

88. 林钰雄：《刑事诉讼法（上册）》，中国人民大学出版社 2005 年版。

89. 刘根菊：《刑事立案论》，中国政法大学出版社 1994 年版。

90. 刘根菊主编：《刑事司法创新论》，北京大学出版社 2006 年版。

91. 刘广三：《犯罪控制视野下的刑事诉讼》，中国人民公安大学出版社 2007 年版。

92. 刘家琛：《刑法及配套规定新释新解（总则）》，人民法院出版社 2002 年版。

93. 刘金友主编：《证据法学（新编）》，中国政法大学出版社 2007 年版。

94. 刘玫：《传闻证据规则及其在中国刑事诉讼中的运用》，中国人民公安大学出版社 2007 年版。

95. 刘同舫编著：《简明哲学原理》，华南理工大学出版社 2006 年版。

96. 龙宗智：《相对合理主义》，中国政法大学出版社 1999 年版。

97. 马贵翔：《刑事司法程序正义论》，中国检察出版社 2002 年版。

98. 马怀德主编：《共和国六十年法学论争实录：行政法卷》，厦门大学出版社 2009 年版。

99. 马克昌等主编：《刑法学全书》，上海科学技术文献出版社 1993 年版。

100. 马克昌主编：《刑罚通论》，武汉大学出版社 1999 年版。

101. 闵钐编：《中国检察史资料选编》，中国检察出版社 2008 年版。

102. 那思陆：《中国审判制度史》，上海三联书店 2009 年版。

103. 彭伶：《不得强迫自证其罪原则研究》，中国检察出版社 2009 年版。

104. 邱兴隆、许章润：《刑罚学》，中国政法大学出版社 1999 年版。

105. 曲新久：《刑事政策的权力分析》，中国政法大学出版社 2001 年版。

106. 全国人大常委会办公厅编著:《人民代表大会制度建设四十年》,中国民主法制出版社 1991 年版。

107. 全国人大常委会法制工作委员会刑法室编:《〈关于修改中华人民共和国刑事诉讼法的决定〉条文说明、立法理由及相关规定》,北京大学出版社 2012 年版。

108. 沙莲香等:《社会学家的沉思:中国社会文化心理》,中国社会出版社 1998 年版。

109. 沈德咏主编:《司法改革精要》,人民法院出版社 2003 年版。

110. 沈德咏主编:《中国特色社会主义司法制度论纲》,人民法院出版社 2009 年版。

111. 宋英辉、孙长永、朴宗根等:《外国刑事诉讼法》,北京大学出版社 2011 年版。

112. 宋英辉、王武良主编:《法律实证研究方法》,北京大学出版社 2009 年版。

113. 宋英辉、吴宏耀:《刑事审判前程序研究》,中国政法大学出版社 2002 年版。

114. 宋英辉、甄贞:《京师刑事诉讼法论丛》(第 1、2 卷),北京师范大学出版集团、北京师范大学出版社 2010 年版。

115. 宋英辉、甄贞主编:《未成年人犯罪诉讼程序研究》,北京师范大学出版社 2011 年版。

116. 宋英辉主编:《刑事诉讼法学研究述评(1978—2008)》,北京师范大学出版集团、北京师范大学出版社 2009 年版。

117. 宋英辉:《刑事诉讼目的论》,中国人民公安大学出版社 1995 年版。

118. 宋英辉:《刑事诉讼原理导读》,法律出版社 2003 年版。

119. 宋英辉主编:《当代司法体制研究》,中国政法大学出版社 2002 年版。

120. 宋英辉主编:《刑事程序法功能研究》,中国人民公安大学出版社 2004 年版。

121. 宋英辉主编:《刑事和解实证研究》,北京大学出版社 2010 年版。

122. 宋英辉主编:《刑事和解制度研究》,北京大学出版社 2011 年版。

123. 宋英辉主编:《刑事诉讼原理》,法律出版社 2003 年版。

124. 宋英辉主编:《中华人民共和国刑事诉讼法精解》,中国政法大学出版社 2012 年版。

125. 孙谦主编:《人民检察制度的历史变迁》,中国检察出版社 2009 年版。

126. 孙膺杰、吴振兴:《刑事法学大辞典》,延边大学出版社 1989 年版。

127. 孙长永:《探索正当程序——比较刑事诉讼法专论》,中国法制出版社 2005 年版。

128. 谭世贵:《中国司法制度》,法律出版社 2008 年版。

129. 汤维建等:《民事诉讼法全面修改专题研究》,北京大学出版社 2008 年版。

130. 汪海燕:《我国刑事诉讼模式的选择》,北京大学出版社 2008 年版。

131. 汪建成:《冲突与平衡:刑事程序理论的新视角》,北京大学出版社 2006 年版。

132. 王超:《警察作证制度研究》,中国人民公安大学出版社 2006 年版。

133. 王桂五:《王桂五论检察》,中国检察出版社 2008 年版。

134. 王宏波、李建群主编:《哲学教程》,西安交通大学出版社 2002 年版。

135. 王启富、陶髦主编:《法律辞海》,吉林人民出版社 1998 年版。

136. 王圣诵、王成儒:《中国司法制度研究》,人民出版社 2006 年版。

137. 王万华:《行政程序法研究》,中国法制出版社 2000 年版。

138. 王新清、甄贞、李蓉主编:《刑事诉讼程序研究》,中国人民公安大学出版社 2009 年版。

139. 吴宏耀、魏晓娜:《诉讼证明原理》,法律出版社 2002 年版。

140. 吴元浩主编:《往事钩沉——中国风云人物的往事》,上海人民出版社 2009 年版。

141. 武延平、刘根菊等编:《刑事诉讼法学参考资料汇编》,北京大学出版社 2005 年版。

142. 温小洁:《我国未成年人刑事案件诉讼程序研究》,中国人民公安大学出版社 2003 年版。

143. 肖明:《哲学》,经济科学出版社 1992 年版。

144. 肖扬主编:《当代司法体制》,中国政法大学出版社 1998 年版。

145. 谢觉哉:《谢觉哉论民主与法制》,法律出版社 1996 年版。

146. 谢佑平、万毅:《刑事诉讼法原则:程序正义的基石》,法律出版社 2002 年版。

147. 熊秋红:《刑事辩护论》,法律出版社 1998 年版。

148. 熊秋红:《转变中的刑事诉讼法学》,北京大学出版社 2004 年版。

149. 熊先觉:《司法制度与司法改革》,中国法制出版社 2003 年版。

150. 徐静村:《21 世纪中国刑事程序改革研究——中华人民共和国刑事诉讼法第二修正案(学者建议稿)》,法律出版社 2003 年版。

151. 徐昕:《论私力救济》,中国政法大学出版社 2005 年版。

152. 许崇德:《中华人民共和国宪法史》,福建人民出版社 2003 年版。

153. 杨春洗等主编:《刑事法学大辞书》,南京大学出版社 1990 年版。

154. 杨春洗主编:《刑事法学大辞书》,南京大学出版社 1990 年版。

155. 杨一凡、陈寒枫主编:《中华人民共和国法制史》,黑龙江人民出版社 1997 年版。

156. 杨宇冠:《非法证据排除规则研究》,中国人民公安大学出版社 2002 年版。

157. 杨宇冠:《国际人权法对我国刑事司法改革的影响》,中国法制出版社 2008 年版。

158. 姚建龙:《长大成人:少年司法制度的建构》,中国人民公安大学出版社 2003 年版。

159. 姚莉:《反思与重构:中国法制现代化进程中的审判组织改革研究》,中国政法大学出版社 2005 年版。

160. 于晓雯等编:《格言大辞典》,辽宁人民出版社 1990 年版。

161. 于志刚:《刑罚消灭制度研究》,法律出版社 2002 年版。

162. 余茂玉:《刑事诉讼证明权研究》,中国人民公安大学出版社 2010 年版。

163. 余敏声主编:《中国法制化的历史进程》,安徽人民出版社 1997 年版。

164. 喻伟主编:《刑法学专题研究》,武汉大学出版社 1992 年版。

165. 岳礼玲:《〈公民权利和政治权利国际公约〉与中国刑事司法》,法律出版社 2007 年版。

166. 翟中东:《刑罚个别化研究》,中国人民公安大学出版社 2000 年版。

167. 张甘妹:《刑事政策》,台湾三民书局 1979 年版。

168. 张国轩:《检察机关量刑建议问题研究》,中国人民公安大学出版社 2010 年版。

169. 张建伟:《法律皇帝的新衣》,中国法制出版社 2007 年版。

170. 张建伟:《刑事诉讼法》,高等教育出版社 2004 年版。

171. 张军主编:《〈刑法修正案(八)〉条文及配套司法解释理解与适用》,

人民法院出版社2011年版。

172. 张明楷:《刑法格言的展开》(第2版),法律出版社2003年版。

173. 张曙:《刑事司法公正论》,中国人民公安大学出版社2009年版。

174. 张卫平等:《司法改革:分析与展开》,法律出版社2003年版。

175. 张小虎:《刑法的基本观念》,北京大学出版社2004年版。

176. 张毅:《刑事诉讼中的禁止双重危险规则论》,中国公安大学出版社2004年版。

177. 张远煌:《现代犯罪学的基本问题》,中国检察出版社1998年版。

178. 张志铭:《法律解释操作分析》,中国政法大学出版社1999年版。

179. 张智辉:《检察权研究》,中国检察出版社2007年版。

180. 章武生、左卫民主编:《中国司法制度导论》,法律出版社1994年版。

181. 赵秉志、[加拿大]威廉·夏巴斯主编:《死刑立法改革专题研究》,中国法制出版社2009年版。

182. 赵秉志:《刑罚总论问题探索》,法律出版社2002年版。

183. 赵秉志:《刑法学》,中央广播电视大学出版社1997年版。

184. 赵秉志:《刑法学各论研究述评(1978—2008)》,北京师范大学出版集团、北京师范大学出版社2009年版。

185. 郑杭生、李强:《社会运行导论——有中国特色的社会学基本理论的一种探索》,中国人民大学出版社1993年版。

186. 郑旭:《非法证据排除规则》,中国法制出版社2009年版。

187. 中国社会科学院语言研究所词典编辑室编:《现代汉语词典》,商务印书馆1998年版。

188. 甄贞等:《法律监督原论》,法律出版社2007年版。

189. 周士敏:《澳门刑事诉讼制度论》,国家行政学院出版社2001年版。

190. 周晓虹:《现代社会心理学——多维视野中的社会行为研究》,上海人民出版社 1997 年版。

191. 左卫民等:《中国刑事诉讼运行机制实证研究》,法律出版社 2007 年版。

192.《德国刑事诉讼法典》,李昌珂译,中国政法大学出版社 1995 年版。

193.《法国刑事诉讼法典》,罗结珍译,中国法制出版社 2006 年版。

二、文章类(按姓氏拼音排序)

1. 姜淑芹、郑燕峰:《"人格调查"走进少年法庭》,载《中国青年报》2003 年 6 月 18 日。

2. 仇逸、杨金志:《陈旭代表建言:建立未成年人轻罪记录消灭制度》,载《中国青年报》2010 年 3 月 9 日。

3.《彭州"浪子回头"污点不入档案——被视为未曾犯罪,当地启动少年犯"前科消灭"试行方案》,载《新京报》2007 年 5 月 31 日 A21 版。

4.《专家:有前科的人也是公民》,载《四川法制报》2010 年 10 月 19 日第 3 版。

5. [美]詹姆斯·杰克布斯、塔玛拉·克莱皮特:《犯罪记录范围、用途和可获得性的扩张》,徐翠翠、岳蓓玲译,载《刑法论丛》2009 年第 3 卷。

6. 卞建林:《我国刑事强制措施的功能回归与制度完善》,载《中国法学》2011 年第 6 期。

7. 卞建林:《刑诉法学如何回应法治时代新需求》,载《检察日报》2011 年 12 月 29 日。

8. 卞建林:《中国特色社会主义刑事司法制度的重大发展——〈全国人民代表大会关于修改中华人民共和国刑事诉讼法的决定〉概览》,载《检察日报》2012年3月16日。

9. 宁杰:《前科消灭"美丽谎言"待法律加持》,载《人民法院报》2010年5月11日。

10. 钱叶六:《前科消灭制度评析与设计》,载《内蒙古社会科学(汉文版)》2004年第5期。

11. 孙莹:《零犯罪率卡住校方 非监禁刑少年复学难》,载《北京晚报》2008年4月7日。

12. 曹利民、郑馨智:《对量刑均衡的一些思考》,载《法学杂志》2009年第11期。

13. 陈光中、郑曦:《论刑事诉讼中的证据裁判原则——兼谈〈刑事诉讼法〉修改中的若干问题》,载《法学》2011年第9期。

14. 陈金钊:《论法律事实》,载《法学家》2002年第2期。

15. 陈瑞华:《刑诉法修正案之隐忧》,载《南方周末》2011年9月1日。

16. 陈卫东:《构建中国特色刑事特别程序》,载《中国法学》2011年第6期。

17. 陈晓英、崔立伟:《"前科消灭"能不能实现?》,载《法制日报》2004年1月30日。

18. 陈兴良:《人格调查制度的法理考察》,载《法制日报》2003年6月4日。

19. 陈学权:《侦查期间合理限制律师会见权研究》,载《现代法学》2011年第5期。

20. 单士兵:《"瓮安少年当选人大代表"的启示》,载《新民晚报》2012年5月11日。

21. 邓新建:《给失足未成年人重新描绘人生的机会——〈刑法修正案〉

"前科消灭"制度实施三月现状调查》,载《法制日报》2011年8月5日。

22. 丁英华、李新华:《对我国刑事立法的相关伦理考察》,载《法学杂志》2009年第1期。

23. 董伟、白皓:《从"刁民"到人大代表》,载《中国青年报》2012年5月10日第11版。

24. 杜萌、赵丽:《未成年人犯罪呈六化特点 家庭和网络成犯罪诱因》,载《法制日报》2011年5月5日。

25. 樊崇义:《我国刑事诉讼制度的进步与发展——2011年刑事诉讼法修正案(草案)评介》,载《法学杂志》2012年第1期。

26. 樊崇义:《证人作证制度实现三个方面的进步》,载《检察日报》2012年3月21日。

27. 房清侠:《前科消灭制度研究》,载《法学研究》2001年第4期。

28. 付强:《前科消灭的概念研析》,载《当代法学》2011年第2期。

29. 高铭暄:《新中国刑法学六十年发展的简要历程和基本经验》,载《法学杂志》2009年第11期。

30. 高维俭:《少年司法之社会人格调查报告制度论要》,载《环球法律评论》2010年第3期。

31. 顾永忠:《对〈刑事诉讼法修正案(草案)〉十个建议》,载《新京报》2011年9月17日。

32. 关仕新:《未成年人犯罪案件社会调查引争议 报告只供参考》,载《检察日报》2011年1月23日。

33. 郭道晖:《毛泽东邓小平治国方略与法治思想比较研究》,载《法学研究》2000年第2期。

34. 何承斌:《确立"前科消灭制度"之研究》,载《首都师范大学学报》

2004年第6期。

35. 孔璞：《"我的经历能鼓励和我一样的年轻人"》，载《新京报》2012年5月12日第A08版。

36. 孔祥俊：《论法律事实与客观事实》，载《政法论坛》2002年第5期。

37. 李冰洁：《"问题少年"当人大代表的启示》，载《羊城晚报》2012年5月11日。

38. 李明国：《嫌疑人前科证明程序应予规范》，载《检察日报》2010年7月23日。

39. 李玉萍：《犯罪记录制度初探》，载《法律适用》2010年第12期。

40. 林维：《论刑事政策的法律化（上）》，载《法学评论》2005年第5期。

41. 林忠：《日本举国激烈争论能否公开"特殊罪犯"个人资讯》，载《法制日报》2005年1月25日。

42. 刘朝阳：《从犯罪标签理论的角度看刑法第100条的规定》，载《山东公安高等专科学校学报》2004年第3期。

43. 刘立霞：《合适成年人社会调查制度研究——以未成年犯罪嫌疑人、被告人为视角》，载《青少年犯罪问题》2008年第4期。

44. 刘鹏、陈轶：《人格调查 施法以"人"为本》，载《人民法院报》2009年2月1日。

45. 刘武俊：《从"刁民"到"人大代表"彰显司法进步与宽容》，载《人民法院报》2012年5月13日第2版。

46. 龙宗智、苏云：《刑事诉讼法修改如何调整证据制度》，载《现代法学》2011年第6期。

47. 龙宗智：《强制侦查司法审查制度的完善》，载《中国法学》2011年第6期。

48. 罗芳芳、常林:《〈未成年人社会调查报告〉的证据法分析》,载《法学杂志》2011 年第 5 期。

49. 吕艳滨:《日本的隐私权保障机制研究》,载《广西政法管理干部学院学报》2005 年第 41 期。

50. 马跃峰:《山东乐陵下发意见:未成年罪犯刑罚完毕前科消灭》,载《人民日报》2009 年 10 月 14 日。

51. 莫洪宪、邓小俊:《试论社会调查制度在检察机关办理未成年人刑事案件中的运用》,载《青少年犯罪问题》2010 年第 1 期。

52. 南方都市报社论:《道德评价不宜影响依法量刑》,载《南方都市报》2007 年 4 月 21 日。

53. 彭新林、毛永强:《前科消灭的内容与适用范围初探》,载《法学杂志》2009 年第 9 期。

54. 彭新林:《论前科消灭制度的正当性根据》,载《北方法学》2008 年第 5 期。

55. 钱叶六:《前科消灭制度的体系性构建》,载《人民法院报》2011 年 3 月 16 日第 6 版。

56. 石晓燕:《亦喜亦忧"前科封存"——透视刑法修正案(八)三大新制度之二》,载《江苏工人报》2011 年 5 月 4 日第 2 版。

57. 宋英辉、李哲:《证据裁判原则评介》,载《政法论坛》2003 年第 4 期。

58. 宋英辉、吴宏耀、雷小政:《证据法学基本问题之反思》,载《法学研究》2005 年第 6 期。

59. 宋英辉:《特别程序彰显对未成年人特殊保护》,载《检察日报》2012 年 4 月 2 日。

60. 宋英辉:《特困刑事被害人救助实证研究》,载《现代法学》2011年第5期。

61. 宋英辉:《刑事程序中的技术侦查研究》,载《法学研究》2000年第3期。

62. 宋英辉:《刑事审前程序与刑事司法公正》,载《中国法学》2003年第1期。

63. 宋英辉:《职务犯罪侦查中强制措施的立法完善》,载《中国法学》2007年第5期。

64. 宋英辉:《酌定不起诉适用中面临的问题与对策——基于未成年人案件的实证研究》,载《现代法学》2007年第1期。

65. 宋英辉等:《公诉案件刑事和解实证研究》,载《法学研究》2009年第3期。

66. 宋英辉等:《特困刑事被害人救助实证研究》,载《现代法学》2011年第5期。

67. 宋英辉等:《我国刑事和解实证分析》,载《中国法学》2008年第5期。

68. 孙谦、童建明:《关于修改刑事诉讼法几个问题的思考》,载《检察日报》2011年11月1日。

69. 孙谦:《建立刑事司法案例指导制度的探讨》,载《中国法学》2010年第5期。

70. 孙长永、闫召华:《无罪推定的法律效果比较研究——一种历时分析》,载《现代法学》2010年第4期。

71. 汪海燕:《律师伪证刑事责任问题研究》,载《中国法学》2011年第6期。

72. 汪建成：《刑事证据制度的重大变革及其展开》，载《中国法学》2011年第6期。

73. 汪建成：《中国刑事司法鉴定制度实证调研报告》，载《中外法学》2010年第2期。

74. 王丽丽、苏文海：《管护教育300余人无一重新犯罪》，载《检察日报》2012年2月5日第1版。

75. 王琳：《前科制度改革不能走得太快》，载《新闻晨报》2011年8月26日第A22版。

76. 王敏远：《论未成年人刑事诉讼程序》，载《中国法学》2011年第6期。

77. 王敏远：《刑事二审是审判公正的保障程序》，载《检察日报》2012年3月28日。

78. 王敏远：《刑事诉讼法学研究的转型——以刑事再审问题为例的分析》，载《法学研究》2011年第5期。

79. 王秋实：《未成年犯连续四年减少》，载《京华时报》2011年12月5日。

80. 王亦君：《最高法副院长称未成年罪犯重新犯罪率低于2%》，载《中国青年报》2009年11月3日。

81. 温泽彬、崔金鹏：《港"消灭前科"立法鼓励罪犯自新》，载《法制日报》2010年10月12日。

82. 吴琪、王俊秀：《官方否认救人男子申报见义勇为因有前科被拒》，载《中国青年报》2012年2月16日第5版。

83. 吴志峰：《前科不能抹，权利不能不维护——10月13日个论〈有前科的人也是公民〉》，载《南方都市报》2010年10月14日第AA02版。

84. 奚玮：《未成年人刑事诉讼中的全面调查制度》，载《法学论坛》2008

年第1期。

85. 肖萍:《暂缓起诉制度研究》,载《法学杂志》2009年第3期。

86. 肖莎:《前科消灭半年间》,载《法治周末》2009年8月27日。

87. 许海涛:《秦皇岛以人格调查决定是否逮捕少年犯引争议》,载《中国青年报》2006年4月1日。

88. 阎志江:《贵州立法试行未成年人违法和轻罪记录消除制度 违法犯罪事实将不记入个人档案》,载《法制日报》2010年8月20日。

89. 杨鸿雁:《和谐社会视野下对传统刑法观念历史局限的考量》,载《法学杂志》2008第2期。

90. 杨杰、刘春兰:《应建立青少年犯罪档案消除制度》,载《检察日报》2008年5月12日。

91. 杨雄:《未成年人刑事案件中社会调查制度的运用》,载《法学论坛》2008年第1期。

92. 杨宇冠、崔巍:《从国际规定看未成年人犯罪记录消灭制度》,载《检察日报》2009年7月7日。

93. 姚莉:《刑事审前协商程序的司法控制》,载《中国法学》2010年第4期。

94. 易延友:《公民宪法权利的刑事程序保护与非法证据排除规则——以美国联邦宪法第四修正案为中心展开》,载《清华法学》2011年第4期。

95. 于志刚:《"犯罪记录"和"前科"混淆性认识的批判性思考》,载《法学研究》2010年第3期。

96. 于志刚:《关于"刑罚执行完毕"之内涵的思考》,载《法学杂志》2009年第7期。

97. 于志刚:《关于构建中国犯罪记录查询制度的思考》,载《中国司法》

2008年第10期。

98. 于志刚:《简论前科消灭的定义及其内涵》,载《云南大学学报（法学版）》2002年第4期。

99. 于志刚:《论犯罪的规范性评价和非规范性评价》,载《政法论坛》2011年第2期。

100. 袁成本、吴怡:《调查报告必须提交法庭辩论》,载《法制日报》2006年12月11日第5版。

101. 张建伟:《撤回起诉后再作不起诉决定之误区》,载《检察日报》2011年10月17日。

102. 张培元:《"瓮安少年"成长为人大代表的政治隐喻》,载《华商报》2012年5月11日。

103. 张泽涛:《刑事案件分案审理程序研究》,载《中国法学》2010年第5期。

104. 赵秉志、廖万里:《论未成年人犯罪前科应予消灭——一个社会学角度的分析》,载《法学论坛》2008年第1期。

105. 赵秉志、彭新林:《确立未成年人前科消灭制度难点及对策》,载《法制日报》2008年8月31日第12版。

106. 甄贞:《英国附条件警告制度及其借鉴意义》,载《法学家》2011年第4期。

107. 周虎城:《"刁民"是怎样炼成人大代表的》,载《南方日报》2012年5月11日第2版。

108. 朱孝清:《检察机关集追诉与监督于一身的利弊选择》,载《检察日报》2011年1月21日。

109. 左卫民:《进步抑或倒退:刑事诉讼法修改草案述评》,载《清华法学》2012年第1期。

110. 刘方权、张森锋:《〈刑法〉第100条之我见》,载《河北法学》2001年第4期。

111. 邹云翔:《从"曹操烧信"看"前科消灭"》,载《人民检察》2007年第12期。

112. 张红:《从〈儿童权利公约〉谈未成年人犯罪前科消灭制度》,载《贵州民族学院学报(哲学社会科学版)》2012年第1期。

113. 侯婉颖:《从〈刑法修正案(八)〉看未成年人前科报告义务之免除》,载《辽宁警专学报》2012年第1期。

114. 刘建华、白光锋、孙文中:《关于建立未成年犯"前科消灭"制度的思考》,载《中国审判》2010年第52期。

115. 德州市中级人民法院、乐陵市人民法院:《关于乐陵市失足未成年人"前科消灭"制度的调查报告》,载《山东审判》2009年第3期。

116. 柴建国、张明丽:《关于我国未成年人前科消灭制度若干问题的探讨》,载《河北法学》2003年第3期。

117. 马长生、彭新林:《关于我国刑事政策改革的一点构想——论社会主义法制理念下的前科消灭制度》,载《法学》2007年第2期。

118. 赵建设:《国外未成年人前科消灭制度之简析》,载《铁道警官高等专科学校学报》2010年第6期。

119. 吕金芳、郭林将:《宽严相济语境下未成年人前科消灭制度的改革与构建》,载《北京人民警察学院学报》2009年第5期。

120. 廖加:《另眼看"前科"》,载《学术交流》2011年第12月刊。

121. 贾楠:《论〈刑法修正案(八)〉之"未成年人前科报告义务的免除"》,载《青少年犯罪问题》2011年第6期。

122. 高仕银:《明确性原则视野下刑法前科报告制度之检讨与完善——兼评〈刑法修正案（八）〉对刑法第一百条的修改》,载《烟台大学学报（哲学社会科学版）》2011年第4期。

123. 彭新林、毛永强:《前科消灭的内容与适用范围初探》,载《法学杂志》2009年第9期。

124. 李志鹤、俞颖:《实证解析与理论思辨：前科消灭制度中国化的质疑及他向路径》,载《濮阳职业技术学院学报》2009年第3期。

125. "未成年人犯罪问题研究"课题组:《未成年人犯罪记录封存制度的构建与检察监督》,载《政治与法律》2012年第6期。

126. 张勇:《犯罪记录的负效应与功能限定》,载《青少年犯罪问题》2012年第6期。

127. 高一飞、高建:《犯罪记录查询模式比较研究》,载《西部法学评论》2013年第2期。

128. 马艳君:《未成年人犯罪记录封存制度实践设想》,载《法学杂志》2013年第5期。

129. 谢丽珍:《未成年人犯罪记录封存制度的反思与重构》,载《青少年犯罪问题》2013年第6期。

130. 王建中:《应制定未成年人犯罪记录封存制度实施细则》,载《人民检察》2013年第12期。

131. 肖中华:《论我国未成年人犯罪记录封存制度的适用》,载《法治研究》2014年第1期。

132. 刘军:《性犯罪记录之社区公告制度评析》,载《法学论坛》2014年第2期。

133. 于志刚:《中国犯罪记录制度的体系化构建》,载《现代法学》2014年第5期。

134. 缐杰:《未成年人犯罪记录封存制度的完善》,载《人民检察》2014年第7期。

135. 卢君:《"未成年人犯罪记录封存制度"的反思与完善》,载《法律适用》2014年第11期。

136. 胡红军、王彪:《未成年人毒品犯罪记录不能作为毒品再犯的依据》,载《人民司法(案例)》2014年第12期。

137. 马晓、张玉林、曹炜民:《四个方面补强未成年人犯罪记录封存制度》,载《人民检察》2014年第23期。

138. 孔令勇:《刑事诉讼犯罪记录系统的域外借鉴与本土建构》,载《政法学刊》2015年第1期。

139. 聂昌国、王滨:《行贿犯罪记录对企业信用的实际影响》,载《人民检察》2015年第1期。

140. 孟斌:《犯罪记录封存制度的可操作性完善》,载《法律适用》2015年第5期。

141. 卢君、史月迎:《未成年人犯罪记录封存制度的完善》,载《人民司法(应用)》2015年第5期。

142. 于志刚:《关于建立国家犯罪记录数据库和查询制度的建议》,载《预防青少年犯罪研究》2016年第3期。

143. 沈启勇:《已封存的犯罪记录不应在成人诉讼中使用》,载《人民司法(案例)》2016年第32期。

144. 余敏、何缓:《未成年人犯罪记录封存实证分析》,载《预防青少年

169

犯罪研究》2017 年第 4 期。

145. 栾驭、焦武峰:《未成年人犯罪记录的法律属性及其司法适用》,载《预防青少年犯罪研究》2017 年第 6 期。

146. 朱德华、刘懿:《犯罪记录封存后的缓刑撤销》,载《人民司法(案例)》2017 年第 8 期。

147. 宋英辉、杨雯清:《未成年人犯罪记录封存制度的检视与完善》,载《法律适用》2017 年第 19 期。

148. 杨波、肖玉琴、赖琳、吴明霞:《未成年人犯罪记录的法律属性及其司法适用》,载《预防青少年犯罪研究》2018 年第 1 期。

149. 于志刚:《犯罪记录制度的体系化建构》,载《中国社会科学》2019 年第 3 期。

150. 宋英辉、杨雯清:《我国未成年人犯罪记录封存制度研究》,载《国家检察官学院学报》2019 年第 4 期。

151. 陈海光:《中国法官制度研究》,中国政法大学 2002 年博士学位论文。

152. 王洪祥:《刑事诉讼职能研究》,中国政法大学 1992 年博士学位论文。

153. 王晓光:《关于我国刑事政策的几个问题》,载《检察业务指南》2003 年第 4 辑。

154. 张爱军:《建国初期刑事诉讼制度研究》,重庆大学 2009 年博士学位论文。

附　录

1. 2012年最高人民法院《关于适用〈中华人民共和国刑事诉讼法〉的解释》(节选)

第四百六十七条　开庭审理时被告人不满十八周岁的案件，一律不公开审理。经未成年被告人及其法定代理人同意，未成年被告人所在学校和未成年人保护组织可以派代表到场。到场代表的人数和范围，由法庭决定。到场代表经法庭同意，可以参与对未成年被告人的法庭教育工作。

对依法公开审理，但可能需要封存犯罪记录的案件，不得组织人员旁听。

第四百八十七条　对未成年人刑事案件宣告判决应当公开进行，但不得采取召开大会等形式。

对依法应当封存犯罪记录的案件，宣判时，不得组织人员旁听；有旁听人员的，应当告知其不得传播案件信息。

第四百九十条　犯罪时不满十八周岁，被判处五年有期徒刑以下刑罚以及免除刑事处罚的未成年人的犯罪记录，应当封存。

2012年12月31日以前审结的案件符合前款规定的，相关犯罪记录也应当封存。

司法机关或者有关单位向人民法院申请查询封存的犯罪记录的，应当提供查询的理由和依据。对查询申请，人民法院应当及时作出是否同意的决定。

2. 2012年《人民检察院刑事诉讼规则（试行）》（节选）

第五百零三条 犯罪的时候不满十八周岁，被判处五年有期徒刑以下刑罚的，人民检察院应当在收到人民法院生效判决后，对犯罪记录予以封存。

第五百零四条 人民检察院应当将拟封存的未成年人犯罪记录、卷宗等相关材料装订成册，加密保存，不予公开，并建立专门的未成年人犯罪档案库，执行严格的保管制度。

第五百零五条 除司法机关为办案需要或者有关单位根据国家规定进行查询的以外，人民检察院不得向任何单位和个人提供封存的犯罪记录，并不得提供未成年人有犯罪记录的证明。

司法机关或者有关单位需要查询犯罪记录的，应当向封存犯罪记录的人民检察院提出书面申请，人民检察院应当在七日以内作出是否许可的决定。

第五百零六条 被封存犯罪记录的未成年人，如果发现漏罪，且漏罪与封存记录之罪数罪并罚后被决定执行五年有期徒刑以上刑罚的，应当对其犯罪记录解除封存。

第五百零七条 人民检察院对未成年犯罪嫌疑人作出不起诉决定后，应当对相关记录予以封存。具体程序参照本规则第五百零四条至第五百零六条的规定。

3. 2012年公安部《公安机关办理刑事案件程序规定》（节选）

第三百二十条 未成年人犯罪的时候不满十八周岁，被判处五年有期徒刑以下刑罚的，公安机关应当依据人民法院已经生效的判决书，将该未成年人的犯罪记录予以封存。

犯罪记录被封存的，除司法机关为办案需要或者有关单位根据国家规定进行查询外，公安机关不得向其他任何单位和个人提供。

被封存犯罪记录的未成年人，如果发现漏罪，合并被判处五年有期徒刑以上刑罚的，应当对其犯罪记录解除封存。

4. 2017年最高人民检察院《未成年人刑事检察工作指引（试行）》（节选）

第八十二条 【基本要求】对于犯罪时不满十八周岁，被判处五年有期徒刑以下刑罚以及免除刑事处罚的未成年人的犯罪记录，人民检察院应当在收到人民法院生效判决后，对犯罪记录予以封存。

对于犯罪记录封存的未成年人，人民检察院应当告知其在入学、入伍、就业时，免除报告自己曾受过刑事处罚的义务。

对于二审案件，上级人民检察院封存犯罪记录时，应当通知下级人民检察院对相关犯罪记录予以封存。

对于在年满十八周岁前后实施数个行为，构成一罪或者数罪，被判处五年有期徒刑以下刑罚的以及免除刑事处罚的未成年人的犯罪记录，人民检察院可以不适用犯罪记录封存规定。

第八十三条 【具体操作】人民检察院应当将拟封存的有关未成年人个人信息、涉嫌犯罪或者犯罪的全部案卷、材料，均装订成册，加盖"封存"字样印章后，交由档案部门统一加密保存，执行严格的保管制度，不予公开，并应在相关电子信息系统中加设封存模块，实行专门的管理及查询制度。未经法定查询程序，不得对封存的犯罪记录及相关电子信息进行查询。

有条件的地方可以建立专门的未成年人犯罪档案库或者管理区，封存相关档案。

第八十四条 【共同犯罪封存】对于未分案处理的未成年人与成年人共同犯罪案件中有未成年人涉罪记录需要封存的，应当将全案卷宗等材料予以封存。分案处理的，在封存未成年人材料的同时，应当在未封存的成年人卷宗封皮标注"含犯罪记录封存信息"，并对相关信息采取必要保密措施。

对不符合封存条件的其他未成年人、成年人犯罪记录，应当依照相关规定录入全国违法犯罪人员信息系统。

第八十五条 【封存效力】 未成年人犯罪记录封存后，没有法定事由、未经法定程序不得解封。

除司法机关为办案需要或者有关单位根据国家规定进行查询的以外，人民检察院不得向任何单位和个人提供封存的犯罪记录，并不得提供未成年人有犯罪记录的证明。

前款所称国家规定，是指全国人民代表大会及其常务委员会制定的法律和决定，国务院制定的行政法规、规定的行政措施、发布的决定和命令。

第八十六条 【不起诉封存】 人民检察院对未成年犯罪嫌疑人作出不起诉决定后，应当对相关记录予以封存。具体程序参照本指引第八十二条至八十五条规定办理。

第八十七条 【其他封存】 其他民事、行政与刑事案件，因案件需要使用被封存的未成年人犯罪记录信息的，应当在相关卷宗中标明"含犯罪记录封存信息"，并对相关信息采取必要保密措施。

第八十八条 【出具无犯罪记录的证明】 被封存犯罪记录的未成年人本人或者其法定代理人申请为其出具无犯罪记录证明的，人民检察院应当出具无犯罪记录的证明。如需要协调公安机关、人民法院为其出具无犯罪记录证明的，人民检察院应当积极予以协助。

第八十九条 【查询封存记录】 司法机关或者有关单位需要查询犯罪记录的，应当向封存犯罪记录的人民检察院提出书面申请，列明查询理由、依据和目的，人民检察院应当在受理之后七日内作出是否许可的答复。

对司法机关为办理案件需要申请查询的,可以依法允许其查阅、摘抄、复制相关案卷材料和电子信息。

其他单位查询人民检察院不起诉决定的,应当不许可查询。

依法不许可查询的,人民检察院应当向查询单位出具不许可查询决定书,并说明理由。

许可查询的,查询后,档案管理部门应当登记相关查询情况,并按照档案管理规定将有关申请、审批材料一同存入卷宗归档保存。

第九十条 【共同犯罪查询】确需查询已封存的共同犯罪记录中成年同案犯或者被判处五年有期徒刑以上刑罚未成年同案犯犯罪信息的,人民检察院可以参照本指引第八十九条的规定履行相关程序。

第九十一条 【保密要求】对于许可查询被封存的未成年人犯罪记录的,人民检察院应当告知查询犯罪记录的单位及相关人员严格按照查询目的和使用范围使用有关信息,严格遵守保密义务,并要求其签署保密承诺书。不按规定使用所查询的犯罪记录或者违反规定泄露相关信息,情节严重或者造成严重后果的,应当依法追究相关人员的责任。

第九十二条 【解除封存】对被封存犯罪记录的未成年人,符合下列条件之一的,应当对其犯罪记录解除封存:

(一)实施新的犯罪,且新罪与封存记录之罪数罪并罚后被决定执行五年有期徒刑以上刑罚的;

(二)发现漏罪,且漏罪与封存记录之罪数罪并罚后被决定执行五年有期徒刑以上刑罚的。

第九十三条 【封存监督】未成年人及其法定代理人向人民检察院提出或者人民检察院发现应当封存未成年人犯罪记录而未依法封存的,或者相关单位违法出具未成年人有犯罪记录的证明的,人民检察院应当依法履行法律监督职责，提出纠正意见，督促相关部门依法落实未成年人犯罪记录封存制度。

5. 2016年公安部、发展改革委、教育部、工业和信息化部、国家民委、民政部、司法部、人力资源社会保障部、国土资源部、住房城乡建设部、卫生计生委、人民银行《关于改进和规范公安派出所出具证明工作的意见》（节选）

第八条 无犯罪记录证明。犯罪记录是国家专门机关对犯罪人员情况的客观记载。根据相关规定，国家建立并逐步完善犯罪记录制度，人民法院负责通报犯罪人员生效的刑事裁判文书以及其他有关信息，公安机关、国家安全机关、人民检察院和司法行政机关分别负责受理、审核和处理有关犯罪记录的查询申请。公安派出所在向社会提供犯罪信息查询服务时，应当严格依照法律法规关于升学、服现役、就业等资格、条件的规定办理。公民因办理出国（境）事务需要，可以申请查询本人有无犯罪记录。使用犯罪人员信息的单位及其工作人员应当按照查询目的使用有关信息，对犯罪人员信息要严格保密。

6. 2012年最高人民法院、最高人民检察院、公安部、国家安全部、司法部《关于建立犯罪人员犯罪记录制度的意见》

犯罪记录是国家专门机关对犯罪人员情况的客观记载。犯罪记录制度是现代社会管理制度中的一项重要内容。为适应新时期经济社会发展的需要，进一步推进社会管理创新，维护社会稳定，促进社会和谐，现就建立我国犯罪人员犯罪记录制度提出如下意见。

一、建立犯罪人员犯罪记录制度的重要意义和基本要求

建立犯罪人员犯罪记录制度，对犯罪人员信息进行合理登记和有效管理，既有助于国家有关部门充分掌握与运用犯罪人员信息，适时制定和调整刑事政策及其他公共政策，改进和完善相关法律法规，有效防控犯罪，维护社会

秩序，也有助于保障有犯罪记录的人的合法权利，帮助其顺利回归社会。

近年来，我国犯罪人员犯罪记录工作取得较大进展，有关部门为建立犯罪人员犯罪记录制度进行了积极探索。认真总结并推广其中的有益做法，在全国范围内开展犯罪人员信息的登记和管理工作，逐步建立和完善犯罪记录制度，对司法工作服务大局，促进社会矛盾化解，推进社会管理机制创新，具有重要意义。

建立犯罪人员犯罪记录制度，开展有关犯罪记录的工作，要按照深入贯彻落实科学发展观和构建社会主义和谐社会的总体要求，在司法体制和工作机制改革的总体框架内，全面落实宽严相济刑事政策，促进社会和谐稳定，推动经济社会健康发展。要立足国情，充分考虑现阶段我国经济社会发展的状况和人民群众的思想观念，注意与现有法律法规和其他制度的衔接。要充分认识我国的犯罪记录制度以及有关工作尚处于起步阶段这一现状，抓住重点，逐步推进，确保此项工作能够稳妥、有序开展，为进一步完善我国犯罪记录制度，健全犯罪记录工作机制创造条件。

二、犯罪人员犯罪记录制度的主要内容

（一）建立犯罪人员信息库

为加强对犯罪人员信息的有效管理，依托政法机关现有网络和资源，由公安机关、国家安全机关、人民检察院、司法行政机关分别建立有关记录信息库，并实现互联互通，待条件成熟后建立全国统一的犯罪信息库。

犯罪人员信息登记机关录入的信息应当包括以下内容：犯罪人员的基本情况、检察机关（自诉人）和审判机关的名称、判决书编号、判决确定日期、罪名、所判处刑罚以及刑罚执行情况等。

（二）建立犯罪人员信息通报机制

人民法院应当及时将生效的刑事裁判文书以及其他有关信息通报犯罪人

员信息登记机关。

监狱、看守所应当及时将《刑满释放人员通知书》寄送被释放人员户籍所在地犯罪人员信息登记机关。

县级司法行政机关应当及时将《社区服刑人员矫正期满通知书》寄送被解除矫正人员户籍所在地犯罪人员信息登记机关。

国家机关基于办案需要,向犯罪人员信息登记机关查询有关犯罪信息,有关机关应当予以配合。

(三)规范犯罪人员信息查询机制

公安机关、国家安全机关、人民检察院和司法行政机关分别负责受理、审核和处理有关犯罪记录的查询申请。

上述机关在向社会提供犯罪信息查询服务时,应当严格依照法律法规关于升学、入伍、就业等资格、条件的规定进行。

辩护律师为依法履行辩护职责,要求查询本案犯罪嫌疑人、被告人的犯罪记录的,应当允许,涉及未成年人的犯罪记录被执法机关依法封存的除外。

(四)建立未成年人犯罪记录封存制度

为深入贯彻落实党和国家对违法犯罪未成年人的"教育、感化、挽救"方针和"教育为主、惩罚为辅"原则,切实帮助失足青少年回归社会,根据刑事诉讼法的有关规定,结合我国未成年人保护工作的实际,建立未成年人轻罪犯罪记录封存制度,对于犯罪时不满十八周岁,被判处五年有期徒刑以下刑罚的未成年人的犯罪记录,应当予以封存。犯罪记录被封存后,不得向任何单位和个人提供,但司法机关为办案需要或者有关单位根据国家规定进行查询的除外。依法进行查询的单位,应当对被封存的犯罪记录的情况予以保密。

执法机关对未成年人的犯罪记录可以作为工作记录予以保存。

（五）明确违反规定处理犯罪人员信息的责任

负责提供犯罪人员信息的部门及其工作人员应当及时、准确地向犯罪人员信息登记机关提供有关信息。不按规定提供信息，或者故意提供虚假、伪造信息，情节严重或者造成严重后果的，应当依法追究相关人员的责任。

负责登记和管理犯罪人员信息的部门及其工作人员应当认真登记、妥善管理犯罪人员信息。不按规定登记犯罪人员信息、提供查询服务，或者违反规定泄露犯罪人员信息，情节严重或者造成严重后果的，应当依法追究相关人员的责任。

使用犯罪人员信息的单位和个人应当按照查询目的使用有关信息并对犯罪人员信息予以保密。不按规定使用犯罪人员信息，情节严重或者造成严重后果的，应当依法追究相关人员的责任。

三、扎实推进犯罪人员犯罪记录制度的建立与完善

犯罪记录制度是我国一项崭新的法律制度，在建立和实施过程中不可避免地会遇到各种各样的问题和困难，有关部门要高度重视，精心组织，认真实施，并结合自身工作的性质和特点，研究制定具体实施办法或实施细则，循序渐进，在实践中不断健全、完善，确保取得实效。

犯罪记录制度的建立是一个系统工程，各有关部门要加强协调，互相配合，处理好在工作起步以及推进中可能遇到的各种问题。要充分利用政法网以及各部门现有的网络基础设施，逐步实现犯罪人员信息的网上录入、查询和文件流转，实现犯罪人员信息的共享。要处理好犯罪人员信息与被劳动教养、治安管理处罚、不起诉人员信息以及其他信息库之间的关系。要及时总结，适时调整工作思路和方法，保障犯罪记录工作的顺利展开，推动我国犯罪记录制度的发展与完善。

7. 2015年首都综治委预防青少年违法犯罪专项组、北京市高级人民法院、北京市人民检察院、北京市公安局、北京市司法局、北京市教育委员会、北京市人力资源和社会保障局、北京市民政局、共青团北京市委员会《关于未成年人犯罪记录封存的实施办法（试行）》

第一条 为贯彻对违法犯罪未成年人教育、感化、挽救的方针，坚持教育为主、惩罚为辅的原则，落实刑法、刑事诉讼法与司法解释对未成年人犯罪记录封存的规定，加强对未成年人的特殊保护，结合我市办理未成年人刑事案件工作实际，制定本实施办法。

第二条 犯罪的时候不满十八周岁，被判处五年有期徒刑以下刑罚以及免除刑事处罚的未成年人的犯罪记录，应当依法予以封存。

前款所称犯罪记录包括侦查、起诉、审判与刑罚执行过程中形成的有关未成年人犯罪或者涉嫌犯罪的全部案卷、材料与电子档案。对涉罪未成年人进行社会调查、帮教考察、心理疏导、司法救助等工作形成的材料，也应当予以封存。

第三条 具有下列情形之一的未成年人违法犯罪案件，参照本办法执行：

（一）依照刑法第十七条第四款规定不予刑事处罚的案件；

（二）依照刑法第十八条第一款、第二十条第一款、第三款、第二十一条第一款规定不负刑事责任的案件；

（三）依照刑事诉讼法第十五条规定不追究刑事责任的案件；

（四）人民检察院依照刑事诉讼法第一百七十一条第四款、第一百七十三条第一款、第二款、第二百七十三条第二款对不满十八周岁的未成年人作出不起诉决定的案件；

（五）公安机关对未成年人作出治安管理处罚决定的案件。

第四条 未成年被告人因事实不清、证据不足被宣告无罪的案件，在侦查、起诉与审判过程中形成的相关记录应当予以封存；但未成年被告人及其法定代理人申请不予封存或者解除封存的，经人民法院同意，可以不予封存或者解除封存。

第五条 具有下列情形之一的，犯罪记录不予封存：

（一）被告人犯数罪，数罪并罚后，决定执行五年有期徒刑以上刑罚的；

（二）被告人在年满十八周岁前后分别实施犯罪行为，需要在同一案件中一并处理的。

第六条 刑罚执行机关应当将符合本办法第二条规定的刑罚执行记录予以封存。

对符合本办法第二条规定，但刑罚在看守所执行的案件，由执行刑罚的看守所对羁押记录与刑罚执行记录进行封存。

第七条 公安机关、人民检察院、人民法院和司法行政机关分别负责受理、审核和处理各自职权范围内的有关犯罪记录的封存、查询工作。

第八条 公安机关、人民检察院、人民法院和司法行政机关应当在其封存的犯罪记录卷宗封面加盖"未成年人犯罪记录封存"印章等明显标识，并单独存放或者建立专门的档案库进行封存，实行专门的管理及查询制度。

第九条 公安机关、人民检察院、人民法院和司法行政机关应当在相关电子信息系统中设定查询权限，未经法定查询程序批准与授权，不得对封存的犯罪记录电子信息进行查询。

第十条 人民检察院办理未成年人与成年人共同犯罪案件，一般应当分案起诉。

对分案起诉且符合封存条件的案件应当予以封存，并在未封存的成年共犯卷宗封面标明"含犯罪记录封存信息"；对未分案起诉的案件，应当全案予以封存。

第十一条　其他刑事、民事与行政案件，因案件需要使用了被封存的未成年人犯罪记录信息的，应当在相关卷宗封面标明"含犯罪记录封存信息"，并对相关信息采取必要保密措施。

第十二条　对可能需要封存犯罪记录的案件，人民法院不得组织人员旁听。经未成年被告人及其法定代理人同意而到场的未成年被告人所在学校、未成年人保护组织的代表，人民法院应当告知其不得传播案件信息，并签订保密承诺书。

旁听公开审理或者公开宣判可能需要封存犯罪记录的案件的，应当事先申请并经人民法院同意。人民法院应当告知旁听人员不得传播案件信息，并签订保密承诺书。

第十三条　在刑事诉讼过程中，因工作原因知悉未成年人案件信息的司法机关工作人员、诉讼参与人、社会调查员等，不得向外界披露该未成年人的姓名、住所、照片，以及可能推断出该未成年人身份的其他资料。违反法律规定披露相关信息，情节严重或者造成严重后果的，应当依法追究相关人员的责任。

教育行政部门、未成年人保护组织、未成年人所在学校、社区居委会、村委会等知悉案情的单位、组织及其工作人员应当严格遵守前款保密规定。

第十四条　对于需要封存犯罪记录的案件，人民法院应当制作《未成年人犯罪记录封存告知书》，随生效裁判文书一并送达相关单位和人员，相关单位应当对犯罪记录予以封存。

第十五条　符合本办法第三条第（四）项的，人民检察院应当在作出不起诉决定的同时，制作《未成年人不起诉记录封存告知书》，一并送达公安机关，公安机关应当在收到告知书后七个工作日内对案件材料予以封存。

第十六条　对于犯罪记录、不起诉记录与违法记录被封存的未成年人，在入伍、就学、就业时免除犯罪记录等的报告义务。

第十七条 犯罪记录被封存的未成年人因就业、刑罚执行完毕后出境就学等合理事由，申请为其出具无犯罪记录证明文件的，公安机关应当出具无犯罪记录证明文件。

第十八条 犯罪记录被封存的，不得向任何单位和个人提供，但司法机关为办理案件需要或者有关单位根据国家规定进行查询的除外。

本办法所称"国家规定"，是指全国人民代表大会及其常务委员会制定的法律和决定，国务院制定的行政法规、规定的行政措施、发布的决定和命令。

第十九条 司法机关和有关单位查询犯罪记录时，应当提交书面申请材料，列明查询的目的、依据和使用范围等信息，查询人员应当出示单位公函和身份证明等材料。

第二十条 对司法机关为办理案件需要申请查询的，封存机关应当依法允许其查阅、摘抄、复制相关案卷材料和电子信息。

对司法机关以外的单位根据国家规定申请查询的，可以根据查询的用途、目的与实际需要告知被查询对象是否受过刑事处罚、被判处的罪名、刑期等信息，必要时，可以提供相关法律文书的复印件。

第二十一条 封存机关应当依法审查查询申请，在七个工作日内作出答复。对于符合查询条件的，应当予以准许，对于不符合查询条件的不予准许，并说明理由。

第二十二条 申请查询的单位及相关人员应当签署保密承诺书。

查询犯罪记录的单位及相关人员应当严格按照查询目的和使用范围使用有关信息，严格遵守保密义务。不按规定使用所查询到的信息或者违反规定泄露相关信息，情节严重或者造成严重后果的，依法追究相应责任。

第二十三条 封存机关应当登记相关查询情况，并按照档案管理规定将有关申请、审批材料、保密承诺书等材料一并归档保存。

第二十四条　申请查询已被全案封存的共同犯罪案件中不符合封存条件的犯罪记录，或者申请查询其他含有被封存犯罪记录的刑事、民事、行政案件的，参照本办法第十九条、第二十二条的规定履行相关程序。

第二十五条　具有下列情形之一的未成年人犯罪记录，应当解除封存：

（一）发现漏罪，且对漏罪与封存记录之罪数罪并罚后，决定执行五年有期徒刑以上刑罚的；

（二）经审判监督程序改判五年有期徒刑以上刑罚的；

（三）在缓刑考验期内，或者刑罚执行完毕前又犯新罪，数罪并罚后决定执行五年有期徒刑以上刑罚的。

第二十六条　符合解除封存条件的案件，自解除封存条件成立之日起，不再受未成年人犯罪记录封存相关规定的限制。

决定解除封存的机关在裁判文书作出时，制作《未成年人犯罪记录解除封存告知书》，一并送达相关单位和人员，相关单位应当解除封存。

第二十七条　人民检察院对犯罪记录封存工作进行监督。对犯罪记录应当封存而未封存，或者封存不当，或者未成年人及其法定代理人提出异议的，人民检察院应当进行审查，对确实存在错误的，应当及时通知有关单位予以纠正。

封存机关应当自收到人民检察院的纠正意见后及时审查处理。经审查封存无误的，应当向人民检察院说明理由；经审查封存确实有误的，应当及时纠正，并将纠正措施与结果告知人民检察院。

第二十八条　公安机关、人民检察院、人民法院、司法行政机关、教育行政部门、人力资源和社会保障部门、民政部门、共青团组织等对未成年人负有教育、感化、挽救职能的部门及团体，为实施本办法的协调单位。

第二十九条 对于被封存犯罪记录的未成年人，教育行政部门、人力资源和社会保障部门应当保障其在就学、就业等方面不受歧视。民政部门应当指导社区居委会、村委会等基层自治组织，保障其在基本生活保障方面不受歧视。相关部门不得将有关法律文书归入学生档案或者人事档案。

第三十条 共青团等未成年人权益保护组织，应当采取相应措施协调有关部门共同保障被封存犯罪记录的未成年人在就学、就业、生活保障等方面不受歧视。

第三十一条 本办法所称"五年有期徒刑以下"含本数，"五年有期徒刑以上"不含本数。

第三十二条 本办法自2015年5月1日起试行。法律和司法解释有明确规定的，依照有关法律和司法解释执行。

附件：

1. 保密承诺书（诉讼参与人、社会调查员、旁听人员等用）
2. 保密承诺书（查询单位用）
3. 未成年人犯罪记录封存告知书
4. 未成年人不起诉记录封存告知书
5. 未成年人犯罪记录解除封存告知书

附件1

保密承诺书

（诉讼参与人、社会调查员、旁听人员等用）

_____：

根据《中华人民共和国刑事诉讼法》第二百七十五条的规定，犯罪的时候不满十八周岁，被判处五年有期徒刑以下刑罚的，应当对相关犯罪记录予以封存。现_____一案可能涉及犯罪记录封存。本人承诺不传播案件信息,不向外界披露该未成年人的姓名、住所、照片,以及可能推断出该未成年人身份的其他资料。如违反上述保密义务,自愿承担相应责任。

承诺人:
年　月　日

附件2

保密承诺书
(查询单位用)

_____:

　　为了_____(目的),根据_____,我(我们)受_____委派,查询贵单位_____卷宗。为保证该案未成年人犯罪记录不被泄露,特作出以下承诺:

1. 查询获得的未成年人犯罪信息仅用于以上事由,不超越范围使用。
2. 严格控制知情人范围,除必需接触的人员外,不向任何个人和单位披露。
3. 对获取的信息,采取严格的保密措施,谨防信息泄露。

违背以上承诺,造成后果的,愿意承担相应责任。

承诺人:　　　单位
年　月　日

附件 3

　　　　　　　未成年人犯罪记录封存告知书

_____：

　　根据《中华人民共和国刑事诉讼法》第二百七十五条的规定，犯罪的时候不满十八周岁，被判处五年有期徒刑以下刑罚的，应当对相关犯罪记录予以封存。

　　现 _____ 一案符合上述犯罪记录封存条件，请予以封存（保密）。

　　　　　　　　　　　　　　　　　　　　　　　　年　月　日
　　　　　　　　　　　　　　　　　　　　　　　　（院印）

附件 4

　　　　　　　未成年人不起诉记录封存告知书

　　　　　　　　　　　　_____ 检未不诉封〔_____〕_____ 号

（公安机关）：_____

　　我院于 ____ 年 ____ 月 ____ 日以 ____ 号不起诉决定书对被不起诉人 _____ 作出不起诉决定，并于 _____ 年 _____ 月 _____ 日予以宣布。

　　因被不起诉人 _____ 系未成年人，根据《中华人民共和国刑事诉讼法》第二百七十五条、《人民检察院刑事诉讼规则（试行）》第五百零七条之规定，_____的不起诉记录应予以封存，请你单位配合执行。

年 月 日
（院印）

附件5
未成年人犯罪记录解除封存告知书

_____：

根据首都综治委预防青少年违法犯罪专项组、北京市高级人民法院、北京市人民检察院、北京市公安局、北京市司法局、北京市教育委员会、北京市人力资源和社会保障局、北京市民政局、共青团北京市委员会《关于未成年人犯罪记录封存的实施办法(试行)》第二十五条的规定，具有下列情形之一的未成年人犯罪记录，应当解除封存：(一)发现漏罪，且对漏罪与封存记录之罪数罪并罚后，决定执行五年有期徒刑以上刑罚的；(二)经审判监督程序改判五年有期徒刑以上刑罚的；(三)在缓刑考验期内，或者刑罚执行完毕前又犯新罪，数罪并罚后决定执行五年有期徒刑以上刑罚的。

现_____一案符合上述犯罪记录解除封存的条件，请解除封存。

年 月 日
（院印）

8. 2013年江苏省综治委预防青少年违法犯罪工作领导小组、江苏省高级人民法院、江苏省人民检察院、江苏省公安厅、江苏省司法厅、江苏省民政厅、江苏省教育厅、江苏省人力资源和社会保障厅、共青团江苏省委员会、江苏省妇女联合会、江苏省关心下一代工作委员会《江苏省未成年人犯罪记录封存工作实施意见》

为维护未成年人的合法权益,深入贯彻"教育、感化、挽救"方针和"教育为主、惩罚为辅"原则,有效落实未成年人犯罪记录封存制度的立法规定,促使未成年罪犯顺利回归社会,根据《中华人民共和国刑法》、《中华人民共和国刑事诉讼法》、《中华人民共和国未成年人保护法》、《中华人民共和国预防未成年人犯罪法》及《最高人民法院关于执行〈中华人民共和国刑事诉讼法〉若干问题的解释》的相关规定,结合本省实际,制定本实施意见。

一、一般规定

(一)对犯罪时不满十八周岁,依法被判处五年以下有期徒刑、拘役、管制、单处罚金、驱逐出境以及免予刑事处罚的未成年被告人,人民法院在判决生效后,应当将其犯罪记录予以封存。

犯罪记录被封存的,不得向任何单位和个人提供,但司法机关为办案需要或者有关单位根据全国人民代表大会及其常务委员会制定的法律和决定,国务院制定的行政法规、规定的行政措施、发布的决定和命令进行查询的除外。

司法机关或者有关单位向封存单位申请查询封存的犯罪记录的,应当提供查询的理由和依据。对查询申请,封存单位应当及时作出是否同意的决定。

2012年12月31日以前审结生效且符合第一款规定的案件,相关犯罪记录也应当封存。对于在作出生效判决的同时未作出犯罪记录封存决定的案件,司法机关或者有关单位申请查询犯罪记录的,封存单位应当严格按照前三款的规定进行审查，并决定是否同意给予查询。

（二）行为人在年满十八周岁前后实施数个行为，构成一罪或者数罪的，不适用犯罪记录封存。

（三）本意见所称的"犯罪记录"，包括涉及未成年被告人自侦查开始至刑罚执行完毕时记载其犯罪情况的全部案卷材料，包括电子档案。

（四）人民检察院在案件起诉前应当加强审查，对可能符合犯罪记录封存条件的未成年被告人与成年被告人共同犯罪的案件，应当将未成年被告人与成年被告人分案起诉。

（五）对依法应当封存犯罪记录的案件，人民法院在宣判时，不得组织人员旁听；有旁听人员的，应当告知其不得传播案件信息，并签订保密协议。开庭时经未成年被告人及其法定代理人同意，未成年被告人所在学校和未成年人保护组织派到法庭的代表，人民法院也应当告知其负有保密义务，不得传播案件信息，并签订保密协议。

（六）被封存犯罪记录的未成年罪犯因涉嫌再次犯罪接受司法机关调查时，应当主动、如实地供述其犯罪记录情况，不得回避、隐瞒。

二、封存主体和程序

（七）作出生效裁判的人民法院应当在裁判生效后十日内对符合条件的未成年罪犯的犯罪记录依法作出封存决定，并制作"犯罪记录封存决定书"。"犯罪记录封存决定书"应根据本意见所附的统一样式填写制作。

（八）人民法院犯罪记录封存决定书应当及时送达刑罚执行机关、其他掌握未成年人犯罪记录的司法机关、附带民事诉讼当事人及其诉讼代理人、未成年罪犯及其辩护人、法定代理人或者其他监护人。

（九）公安机关、人民检察院、人民法院、司法行政机关应当对犯罪记录封存的未成年罪犯卷宗档案标明"档案封存"字样，并进行单独存放，由专人实行保密管理，接受查询或对外出具犯罪记录情况证明等材料要严格按照《中华人民共和国刑事诉讼法》第二百七十五条和《中华人民共和国刑法》第九十六条规定的范围办理。依法进行查询的单位，应当对被封存的犯罪记录的情况予以保密，并签订保密协议留存。

（十）人民法院审理犯罪记录被封存的未成年罪犯减刑、假释案件，不得向社会公示。

（十一）公安机关、检察机关及刑罚执行机关对于未成年犯罪嫌疑人的侦查记录、不起诉记录以及刑罚执行记录亦应采取相关措施予以封存，不得对外公开。

三、其他规定

（十二）出于对未成年人的保护帮教需要，教育、人力资源和社会保障及共青团、妇联等部门或者经未成年被告人及其法定代理人同意，参与诉讼的未成年被告人所在学校和未成年人保护组织、其他合适成年人参与诉讼过程，了解未成年人犯罪记录的，应当对其知晓的未成年人犯罪情况予以保密。人民法院可视情况与上述参与诉讼的相关主体签订保密协议。

（十三）司法机关及掌握未成年人犯罪记录的相关单位或个人不得向新闻媒体、影视节目、公开出版物、网络等披露未成年罪犯的姓名、住所、照片、图像以及其他可能推断出未成年罪犯身份的各种资料。

（十四）教育行政主管部门对被封存犯罪记录的未成年人，应当保障其在入学、复学、升学等方面享受与其他未成年人同等的权利，地方教育行政主管部门要妥善安排就学。

（十五）人力资源和社会保障主管部门对被封存犯罪记录的未成年人，应当保障其在技术培训、推荐就业等方面享受与其他未成年人同等的权利。在用人单位已经知晓其有犯罪记录时，经未成年人申请，应协调用人单位给予其与其他未成年人就业等方面的同等权利。

（十六）民政部门对被封存犯罪记录的未成年人（服刑期间除外）应当给予其在生活保障等方面享受与其他未成年人同等的权利，并不得因已经知晓其有犯罪记录而对其有任何歧视。

（十七）共青团、妇联、关工委等负有对未成年人权益保护职能的部门，对被封存犯罪记录的未成年人在入学、复学、升学、培训、就业、生活保障等方面受到与其他未成年人不同等待遇时，应当积极出面参与沟通、协调，努力为其提供支持和帮助。

（十八）被封存犯罪记录的未成年罪犯，具备就学、就业条件的，人民法院可以就其安置问题向有关部门提出司法建议，并且附送必要的材料。

（十九）犯罪记录封存决定及实施机关应将各自执行未成年人犯罪记录封存情况列入年度考核指标，推动未成年人犯罪记录封存法律规定的有效贯彻落实。

（二十）本实施意见自下发之日起实施。

附件：

法院刑事诉讼文书样式（文书的字体、标点符号及数字表示的技术规范参照 1999 年 4 月 30 日最高人民法院印发的《关于印制〈法院刑事诉讼文书样式〉（样本）的说明》）

×××人民法院犯罪记录封存决定书

（××××）×少刑封字第××号

未成年罪犯×××（写明姓名、性别、出生年月日、出生地、民族、文化程度、原职业、户籍地或住所地、现羁押或服刑场所）。

本院于××××年××月××日，作出了（××××）×少刑初

（终）字第××号刑事判决（刑事附带民事判决），以罪犯×××犯××罪，判处……（刑罚种类和刑期）。

经查，未成年罪犯×××……（写明罪犯应予犯罪记录封存的事实和理由）。依照《中华人民共和国刑法》第一百条第二款、《中华人民共和国刑事诉讼法》第二百七十五条以及《最高人民法院关于执行〈中华人民共和国刑事诉讼法〉若干问题的解释》第四百九十条第一、三款的规定，决定如下：

一、将未成年罪犯×××的犯罪记录予以封存；

二、司法机关或者有关单位申请查询封存的未成年罪犯×××的犯罪记录的，应当提供查询的理由和依据；依法进行查询的单位，应当对被查询的封存犯罪记录情况予以保密。

（院印）

年　月　日